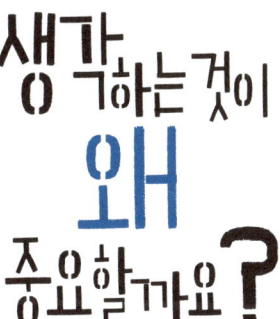

⑩ 어린이 인문 시리즈 - 철학 이야기

생각하는 것이 왜 중요할까요?

글 이관호 · 그림 양수홍

머리말
생각이 더 중요해진 시대입니다

    요즘 좋은 지식과 정보를 담은 책들이 참 많습니다. 이와 함께 어린이들의 지식 수준도 훨씬 높아진 것 같아 때로 놀랍기도 하고 또 흐뭇한 마음도 들지요.

    그런데 한편으로는 궁금하기도 합니다. 어린이들이 책에서, 학교에서, 학원에서 배운 것들을 어떻게 이해하고 있을까, 늘어난 지식의 양만큼 생각의 힘도 잘 키우고 있을까 하고 말이지요.

    초등학교 때 저는 집에 세계 대백과사전을 가지고 있는 것이 무척이나 자랑스러웠습니다. 수십 권이나 되는 멋진 책이 책꽂이에 가득 꽂혀 있는 것을 보면 마음이 든든했어요. 모르는 것이 생기거나 궁금한 것이 있으면 언제라도 찾아볼 수 있었으니까요. 그런데 지금은 어떤가요? 주머니에서 스마트폰만 꺼내면 누구나 백과사전을 손 안에서 쉽게 검색할 수 있습니다. 그만큼 시대가 달라졌고 똑똑함의 기준도 변했어요. 단순히 많은 지식을 외우는 것보다는 그것을 가지고 치열하게 생각할 줄 아는 능력이 더 중요해진 시대입니다.

　몇 년 전 세상을 떠난 스티브 잡스는 "소크라테스와 점심 식사를 할 수 있다면 애플의 모든 기술을 줄 수도 있다."라고 말했습니다. 스티브 잡스는 생각의 힘이 얼마나 중요한 것인지를 알고 있었던 거죠. 그래서 철학자인 소크라테스와 직접 대화해 볼 수 있는 기회를 갖는 것만으로도 자신의 전 재산을 내놓겠다는 의미로 이 말을 했습니다. 그만큼 소크라테스도, 스티브 잡스도 생각을 중요하게 생각한 사람들입니다.

　바야흐로 생각의 시대입니다. 여러분들도 잘 살펴보고, 잘 이해하고, 잘 생각할 줄 아는 인재로 성장하기를 기대합니다.

이관호

생각이 더 중요해진 시대입니다 ··· 4

'나'에 대해 생각해 보자
'정신'과 '몸' 중 어떤 게 진짜 나일까? ··· 9

'역사'에 대해 생각해 보자
객관적인 역사와 주관적인 역사가 있다고? ··· 35

'공부'에 대해 생각해 보자
공부는 왜 해야 하고, 어떻게 해야 할까? ··· 57

4장 '행복'에 대해 생각해 보자

행복은 무엇이며 행복해지기 위해서는
어떻게 해야 할까?　　　　　　　　　　　… 79

5장 '민주주의'에 대해 생각해 보자

민주주의는 왜 중요하며 국가는
어떻게 만들어졌을까?　　　　　　　　　… 105

6장 '정의'에 대해 생각해 보자

정의로운 사회와 개인의 자유를
어떻게 조화시킬 수 있을까?　　　　　　… 129

'나'에 대해 생각해 보자

'정신'과 '몸' 중 어떤 게 진짜 나일까?

나는 누구일까?

여러분! 앞으로 여섯 가지 주제를 가지고 생각하는 시간을 가지려고 해요. 첫 번째로는 그 무엇보다 중요하고 또 누구나 관심 있는 '나'에 대해서예요. 영어로는 'I', 좀 어려운 말을 쓰자면, 스스로 자(自), 나 아(我)를 붙여서 '자아'라고 합니다. 그래서 자신의 꿈을 이루는 걸 '자아실현'이라고 하지요.

그런데 여러분은 스스로가 '나'라는 걸 어떻게 알고 있나요? 또 언제부터 '나'를 알게 되었나요? 아무리 곰곰이 생각해 봐도 태어나서 몇 년 동안은 어떤 일이 있었는지 하나도 기억이 안 날 거예요. 저도 마찬가지예요. 가장 오래된 기억이 유치원 때인 것 같네요. 유치원에서 음악 발표회가 있었는데, 이유는 잘 모르겠지만 다른 친구들은 합창을 하고 저는 혼자 북을 쳤던 기억이 있어요. 아마 노래를 못 불러서였거나 하기 싫다고 우는 모습을 보고 유치원 선생님이 달랜 다음 북채를 손에 쥐여 준 게 아니었을까 싶어요. 어쨌든 혼자서 무척이나 긴장하면서 했던 일이라 아직도 기억에 남아 있는 것 같네요.

아, 더 오래전의 기억이 한 가지 떠오르네요. 어릴 때는 아무거나 입에 넣으려고 하잖아요? 엄마는 부엌에 있고 제가 혼자 마루에서 놀고 있었는데, 굴러다니는 100원짜리 동전 하나를 입에 넣었다가 그만 꿀꺽 삼켜 버린 거예요! 뭔가 차갑고 딱딱한 것이 목구멍으로 쑥 들어가면서 답답해진 느낌에 저는 울고불고 난리를 쳤고, 엄마가 깜짝 놀라 달려왔죠. 부랴부랴 병원에 가서 엑스레이를 찍어 보니 제 배 속에 조그마한 게 반짝거리고 있었어요. 과연 그 뒤로 어떻게 되었을까요?

1. 지금도 배 속에 있다.
2. 의사 선생님이 마취한 다음에 수술해서 꺼냈다.
3. 다음 날 화장실 변기에서 발견됐다.

정답은 3번! 좀 창피하지만 다행이죠. 그 동전은 지금도 가보로 보관하고 있답니다. 많이 놀랐지만 소중한 추억이지요.

많은 학자들은 사람들이 어른이 되면 네댓 살까지의 일은 기억하지 못한다고 해요. 여러분은 어린이니까 좀 더 어렸을 때 기억이

날 수도 있겠네요. 생각해 보세요. 과연 언제부터 여러분은 '나'를 느끼게 되었나요? 아마 배고파서 울 때의 나, 부모님이 사 준 장난감을 가지고 놀면서 웃고 있을 때의 나를 느꼈을 거예요. 기억이 나든 안 나든 말이죠. 어쩌면 목욕을 한 후에 거울에 비친 나의 모습을 보면서, '아, 바로 쟤가 나구나!' 하는 느낌을 받았을지도 모르지요.

나는 정신과 몸의 합

그렇다면 이제 여러분의 '자아'를 나누어 볼게요. '나'를 둘로 나누면 무엇과 무엇으로 나눌 수 있을까요?

1. 얼굴과 나머지
2. 배꼽 위와 배꼽 밑

이렇게 나눌까요? 다르게도 나눌 수 있지요. 거울을 한번 보세요. 거울에 '나'가 보이죠? 그런데 '거울에 보이지 않는 나'도 있답니다. 여러분이 거울을 보면서 '오, 좀 생겼는데!'라고 생각했다면, 그건 누가 생각하는 걸까요? 그래요. 바로 여러분의 '나'가 생각하

고 있는 거죠. 물론 그렇게 '생각하는 나'는 눈에 보이지 않아요. '생각하는 나'는 어디에 있는 걸까요? 바로 여러분의 머릿속에 있어요. 구체적으로는 여러분의 '뇌' 속에 숨어 있다고 할 수 있지요.

그런데 어쩌면 '생각하는 나'는 뇌가 아닌 다른 곳에 숨어 있을 수도 있어요. 만약 여러분이 얼마 전에 있었던 시험을 완전히 망쳤다고 생각해 보세요. 또는 가장 친한 친구가 다른 곳으로 전학을 가게 되었다면요?

그럴 때 뭐라고 하나요? "속상해.", "마음이 아파."라고 하죠? 그러면서 손으로 머리가 아닌 가슴을 치지요. 그래요. 대부분 가슴을 치면서 이야기해요. 너무 마음이 아프다고요.

그러니까 거울에 보이지 않는 '나'는, 머릿속이든 가슴속이든 여하튼 있는 게 분명해요. 그렇다면 정리해 볼까요? 여러분의 '나'를 둘로 나누어 보면 이렇습니다.

1. 거울에 보이는 나 : 얼굴, 몸
2. 거울에 보이지 않는 나 : 머릿속, 혹은 가슴속

거울에 보이는 나는 보통 '신체', '몸'이라고 하죠. 간단해서 어려울 건 없어요. 그런데 거울에 보이지 않는 나는 여러 가지로 표현할 수 있어요. '정신'이란 말은 들어 보았죠? '건강한 신체에 건강한 정신이 깃든다.'는 말도 있잖아요.

"저 녀석, 정신 상태가 썩었어."

이렇게 어른들이 하는 꾸지람도 있죠.

여러분의 정신은 무엇을 하나요? 그렇지요. 생각을 합니다. 매일매일 한순간 한순간 어떤 생각이든 하면서 살아가요. 친구가 하는 말이 진짜일까, 거짓말일까 의심하기도 하고, 친구들과 게임하기로 했는데 엄마한테 뭐라고 둘러댈지 음모를 꾸미기도 하지요. 물론 감동하기도 해요. 가슴 아픈 영화를 보면 슬픔이 물밀 듯이 밀려왔다가 해피 엔딩으로 끝나면 벅찬 즐거움을 느끼지요.

머리를 가장 많이 쓸 때는 역시 문제를 풀 때예요. 여러분이 힘들어하는 수학 시험을 떠올려 보세요! 시험지 위에 열심히 숫자를 적고 풀어 갑니다. 완전히 정신을 집중해서 말이죠. 그런데 우리의 정신이 수학 문제를 풀 때, 좀 어려운 말로 '이성'을 발휘한다고 말해요. 수학 문제에는 반드시 정답이 있지요. 머리를 써서 누구나 인정할 수 있는 답을 찾아내는 것을 두고, 우리는 '이성을 발휘한다'고 말해요.

어쨌든 여러분의 '나'는 거울에 보이는 신체와 보이지 않는 정신으로 이루어져 있어요! 그럼 여기서 한 가지 질문을 할게요. 여러분의 '나' 중에서, 즉 신체와 정신 중에서 무엇이 더 중요한가요?

어떤 친구는 이렇게 말할 거예요.

"나는 외모가 중요하니까 신체가 더 중요해요!"

또 다른 친구는 이렇게 말하지 않을까요?

"저는 나중에 축구 선수가 될 거니까 신체가 더 중요해요!"

반대로 이야기하는 친구도 있겠지요.

"공부를 잘 하려면 머리가 좋아야 하니까 당연히 정신이 더 중요하지요."

물론 눈에 보이는 외모보다 건강한 마음이 중요한 것처럼, 정신이 더 중요하다고 수준 높은 대답을 하는 친구도 있을 거예요.

데카르트의 정신

오늘 여러분에게 소개할 두 명의 철학자가 있어요. 르네 데카르트와 프리드리히 니체. 데카르트는 정신이, 니체는 신체가 더 중요하다고 생각했지요. 좀 어려운 이름이지만 잘 기억해 두면 앞으로 공부하는 데 많은 도움이 될 거예요. 먼저 르네 데카르트라는 사람은 왜 정신이 중요하다고 생각했는지 알아보도록 해요.

데카르트는 프랑스의 유명한 철학자예요. 이런 말도 남겼지요.

"나는 생각한다. 따라서 나는 존재한다."

이 말은 너무도 유명하기 때문에 사람들은 종종 여러 가지로 바꾸어 유머의 소재로 사용하기도 해요. 예를 들어 축구를 좋아하는 친구는 "나는 축구를 한다. 따라서 나는 존재한다."로 바꾸기도 하고 사랑에 빠진 사람은 "나는 너를 사랑한다. 따라서 나는 존재한다." 이렇게 말하기도 해요. 뭔가 의미심장하기도 하고 멋있죠? 그렇다면 과연 데카르트의 이 말은 어떤 의미를 가지고 있을까요?

나는 생각한다. 따라서 나는 존재한다.
: 내가 있는 이유가 '생각하기' 때문이라는 거예요.
나는 축구를 한다. 따라서 나는 존재한다.
: 내가 있는 이유가 축구를 하기 때문이래요.
나는 너를 사랑한다. 따라서 나는 존재한다.
: 내가 있는 이유가 누군가를 사랑하기 때문이래요.

이렇듯 데카르트는 내가 존재하는 건 '생각하기 때문'이라고 말했어요. 다시 말하면 '생각하는 나'가 있기 때문에 내가 존재한다는 거죠. 그렇다면 나의 신체, 육체는 의미가 없다는 말일까요? 그래요. 데카르트는 신체는 별로 중요하다고 생각하지 않았어요.

신체를 믿을 수 없다

데카르트가 정신보다 신체를 중요하지 않게 여긴 이유는 무엇일까요? 그것은 한마디로 말해 '믿을 수 없기 때문'이었어요. 잘 생각해 보면 여러분도 거울에 보이는 신체 때문에 속은 적이 한두 번이 아닐 거예요.

신체에서 감각을 느끼는 다섯 가지 기관이 있어요. 눈, 코, 귀, 피부, 혀. 그래서 이걸 시각, 후각, 청각, 촉각, 미각이라고 하고 전부 합해서 다섯 가지 감각 기관, 즉 '오감'이라고 해요. 책을 보는 눈, 빵 굽는 고소한 냄새를 맡을 수 있는 코, 즐거운 음악을 들을 수 있는 귀, 이불의 감촉을 느낄 수 있는 피부, 좋아하는 떡볶이의 맛을 느낄 수 있는 혀. 이런 감각 기관을 가지고 우리는 우리에게 일어나는 수많은 것들을 느끼고 경험하게 되는 것이죠. 그런데 이 소중한 감각 기관이 우리를 속이기도 해요.

어린 시절 감기에 걸렸을 때를 떠올려 보세요. 엄마가 작은 숟가락에 담긴 주황색의 뭔가를 주었을 거예요. 혹시나 약이 아닐까 의심했지만 엄마는 맛있다고 말했을 거예요. 달콤한 냄새며, 모양은 분명 맛나게 보였지만 꿀꺽 삼키고 나서 쓰디쓴 맛이 입안에 퍼지면 속았다는 걸 깨닫게 되지요. 이것은 시각과 후각이 우리를 속인 거랍니다.

옛날이야기를 하나 소개할게요. 통일 신라 시대의 이야기예요. 신라에는 원효와 의상이라는 두 명의 훌륭한 승려가 있었어요. 원효와 의상은 불교에 대해 더 깊이 공부하고자 당나라로 유학을 떠났어요. 그런데 길을 가던 중 폭우를 만나는 바람에 동굴에서 하룻밤을 보내야 했지요. 그날 밤, 원효는 목이 말라 한밤중에 잠을 깼어요. 동굴 속은 컴컴해서 아무것도 보이지 않았지요. 어디쯤 물이 있을까 더듬거리며 여기저기를 헤매던 중 손에 잡히는 바가지가 있었어요. 바가지에는 물이 들어 있었고요. 단숨에 쭉 들이켜자 시원함에 날아갈 것 같았지요.

다음 날 아침, 원효가 지난밤에 먹었던 물을 다시 맛보려고 바가지를 찾았더니 그 바가지는 다름 아닌 해골바가지였어요. 그 안의 물도 썩은 물이었고요.

'어젯밤에 마셨던 그 시원하고 달았던 것이 썩은 물이었다니!'

기가 찰 노릇이었지요. 하지만 잠시 뒤 원효는 큰 깨달음을 얻었어요. 바로 모든 것은 마음에 달려 있다는 것이지요. 목이 탈 때는 시원하기만 했던 물이, 알고 보니 썩은 물이었다는 건 결국 그 물을 대하는 사람의 마음이 다르기 때문이었다는 거예요. 그래서 원효는 당나라 유학을 포기하고 돌아왔어요. 불교를 공부하기 위해 꼭 당나라로 갈 필요는 없다는 것을 깨달았으니까요. 원효는 부처님의 말씀을 사람들에게 널리 알렸답니다.

이 이야기는 미각이 우리를 속인 하나의 예이기도 해요.

마지막으로 다른 예를 하나 더 들어 볼게요. 여러분이 좋아하는 꿈 이야기예요. 혹시 꿈이 진짜인 줄 알았다가 깨고 나서 "꿈이었구나!" 하고 아쉬워했던 적이 있나요? 즐겁고 행복한 꿈이라면 아쉽지만 누군가에게 쫓기는 무서운 꿈을 꿀 때는 깬 다음에 다행이구나 싶기도 하지요.

그렇다면 지금 이 책을 읽고 있는 이 순간은 꿈일까요, 아니면 실제 현실일까요? 분명히 현실이라고요? 하지만 진짜인 줄 알았는데 깬 다음에야 꿈인 줄 알게 되었던 일을 떠올려 보면 100퍼센트 확신하지는 못할 거예요. 아직 꿈에서 깨지 않은 것인지도 모르니까요. 그러니까 보았던 것, 먹었던 것, 들었던 것, 이런 경험들은 정확하지 않아요. 이렇게 우리의 감각이나 신체는 항상 믿을 수는 없답니다.

정신은 믿을 수 있다

이제 데카르트의 말이 어느 정도 이해가 되었을 거예요. 그렇다면 신체 말고는 뭐가 남을까요? 바로 '정신'이에요. '나' 가운데 믿을 수 있는 것은 정신이라는 게 데카르트의 생각이었어요. 정신은 무엇을 하나요? 생각을 해요. 좀 어려운 말로 '사고'를 하지요. 여러분이 늘 듣는 창의력, 사고력, 논리력…… 이런 것들의 힘이 바로 정신의 힘이에요.

여러분은 이렇게 질문할지도 몰라요.

"선생님! 우리의 눈을 믿을 수 없다면, 정신은 어째서 믿을 수 있나요? 우리의 생각도 오락가락하면 믿을 수 없잖아요?"

맞아요. 생각도 매일 이랬다 저랬다 바뀌니까 믿을 수 없죠. 하지만 이걸 한번 생각해 보세요. 수학 시간에 배운 것이에요. 1+1의 정답은 2입니다. 너무 수준 낮다고요? 쉬운 예를 든 것이니 비웃지 마세요. 그런데 기분이 좋을 때나 나쁠 때나, 아까 먹은 떡볶이가 소화가 잘 될 때나, 아니면 너무 매워서 속이 안 좋을 때나, 1+1의 답은 항상 2예요. 이것이 데카르트가 우리의 정신을 믿을 수 있다고 본 이유랍니다.

앞에서도 얘기했지만 이것을 좀 어려운 말로는 '이성'이라고 해요. 그러니까 우리가 수학 문제를 풀 때는 정신, 다시 말해 이성을 활용하고 있는 거예요. 데카르트는 우리의 이성을 믿은 것이죠. 그런 의미에서 다시 한 번 적어 볼게요.

"나는 생각한다. 따라서 나는 존재한다."

니체의 몸과 디오니소스

그런데 19세기 독일의 유명한 철학자인 프리드리히 니체는 데카르트와 다른 생각을 가졌어요. 니체는 우리의 정신이 갖고 있는 힘보다 오히려 몸이 갖고 있는 에너지를 더 중요하게 생각했어요.

아마 여러분은 《그리스 신화》를 잘 알고 있을 거예요. 만화로 읽은 적도 있을 거고요. 《그리스 신화》에는 많은 신들이 등장하죠. 근엄한 아폴론, 시끌벅적한 디오니소스가 기억날 거예요. 니체는 디오니소스를 좋아했어요.

아폴론 하면 엄한 아버지 또는 학교 선생님이 떠오릅니다. 그런데 디오니소스는 누가 떠오르죠? 다들 자고 있는 밤에 밖에서 술에 취해 시끄럽게 소리 지르는 주정뱅이가 떠오르지 않나요? 그런데 어쩌면 어른들이 볼 때는 여러분이 디오니소스일지도 몰라요. 모이면 항상 시끄럽고 뛰어다니고 어지럽히고 간혹 사고도 나고 그러니까요.

재미있는 사실은 이런 여러분이 집에서 또 학교에서 교육받으면서 점차 근엄한 아폴론처럼 변해 간다는 거예요. "어른들을 만나면 인사해야 해." "학교 수업 시간이나 도서관에서 책을 읽을 때는 조용히 해야 해." "빨간 신호등일 때는 멈추고, 파란 신호등이 켜지면 손을 들고 건너야 해." 아주 어릴 때는 몰랐던 것들을 하나씩 배워 나가면서 사회에 적응해 나가는 거죠. 그래서 교육이 꼭 필요해요.

물론 근엄한 어른이 되는 것이 꼭 좋은 것만은 아니에요. 어른과 아이들의 가장 큰 차이점이 뭘까요? 맞아요. 어른들은 체면이 있어서 아이들처럼 행동하지 못하고, 남들이 자신을 어떻게 볼까를 늘 신경 써요. 그러니까 여러분이 볼 때 어른들은 재미없는 사람들인 거죠.

아이들은 에너지를 발휘한다

아이들은 시끄럽지만 그만큼 에너지가 넘치고 활달합니다. 여러분보다 더 어린 친구들을 생각해 봐요. 갓난아기요. 기억이 잘 안 나겠지만 여러분이나 선생님도 모두 이 시기를 거쳤어요. 아기는 태어나면 일단 눈도 제대로 뜨지 못하고 울기 시작하죠.

그러다가 어느덧 몸을 뒤집고, 곧 기어다녀요. 그리고 끊임없이 호기심을 가지고 뭔가를 입에 넣거나 만지작거려요. 하루하루 자기가 무언가를 새롭게 할 수 있게 될 때마다 그 능력을 아낌없이 발휘하죠. 엄마가 이유식을 떠먹여 주면, 자기가 숟가락으로 먹겠다고 고집을 부리면서 옷도 바닥도 먹을 걸로 어지럽히기도 하죠.

그러다 두 발로 딱 서서 걷게 되면 또 그 능력을 유감없이 발휘

해서 이리저리 다니다가 넘어져서 울곤 해요. 그리고 무엇보다 음악이 나오면 몸을 흔들면서 춤을 춰요.

맞아요. 아이들은 춤을 춥니다. 아마 여러분도 음악이 나오면 몸을 흔들면서 춤을 출 거예요. 누구의 눈치도 보지 않고 말이죠.

그런데 궁금하지 않나요? 왜 여러분의 부모님이나 선생님들은 음악을 들어도 춤을 추지 않을까요? 체면 때문에 그래요. 아무 곳에서나 음악이 나온다고 기분에 따라 몸을 흔들어 댈 수는 없거든요. 다른 사람이 어떻게 생각할까 걱정도 되고요. 사람들은 한 살 두 살 나이를 먹어 가면서 변해 갑니다. 여러분도 점차 그렇게 변해 갈 거고요.

니체는 이처럼 어린 디오니소스들이 자기의 에너지를 발휘하는 모습을 좋아했어요. 그리고 디오니소스들을 훈계하고 꾸짖는 아폴론과 같은 어른들의 모습을 아쉬워했어요. 어린이들을 보면서 거기서 에너지를 느끼고, 그 에너지를 발휘하는 모습이 중요하다고 생각했던 것이죠.

그렇다면 생각해 보세요. 서너 살 먹은 아이들이 음악에 맞춰 춤을 추면서 에너지를 발산하는 것은 정신이 그렇게 하는 건가요, 몸이 그렇게 하는 건가요? 맞아요. 아이들은 분명히 정신은 있지만 아직 그 정신을 제대로 사용할 줄 몰라요. 아기들이 1+1=2를 모르는 것과 마찬가지예요.

아기들은 이성은 가지고 있지만 활용할 줄 모르고, 본능대로 몸만 움직이고 반응하죠. 그러니까 아이들은 음악이 들리고 신나면 춤을 추는 거예요. 니체는 이런 의미에서 정신보다 몸을 더 중요하게 여겼어요.

생명의 에너지와 창의력

그렇다면 아기들처럼 춤을 추는 모습에 어떤 점이 있길래 니체가 좋아하는 걸까요? 니체는 아이들의 에너지와 활달함이 우리를 행복하게 만들고, 사회를 발전시킨다고 보았어요. 또 아기들의 춤을 추는 모습에서 예술적인 창의력도 발견했고요. 예술가들은 많은 생각과 고민을 거쳐 자신의 작품을 내놓기도 하지만, 때로는 느낀 그대로 표현하기도 해요. 예술가는 때로 정신보다 몸을 먼저 움직일 줄 알아야 해요. 그래야 그 느낌을 그림으로, 음악으로, 춤으로 잘 표현할 수 있게 되거든요. 근엄한 아폴론의 모습만으로는 멋진 예술 작품을 만들 수는 없어요.

아이들 말고 이제는 자연으로 시선을 돌려 봐요. 자연에는 풀, 나무와 같은 식물들이 있죠. 그리고 방송 프로그램 〈동물의 왕국〉에 나오는 사자, 기린, 말, 곰, 늑대, 타조도 있어요. 여러분 주변에는 강아지와 고양이들도 많아요. 이들도 자기들의 에너지를 그대로 발산해요.

추운 겨울이 지나고 봄이 오면 놀랍게도 땅에서는 새싹이 트기 시작합니다. 어때요? 식물의 에너지가 느껴지나요? 강아지들이 태어나서 서로 엉켜서 엄마 젖을 찾는 모습을 봐도 에너지가 느껴질 거예요. 바로 생명의 에너지랍니다.

니체는 이런 원초적인 에너지를 보면서, 사람들이 그런 에너지를 잃어가는 것을 안타까워했어요. 이것은 데카르트가 중요하게 생각한 정신과는 별로 상관이 없는 것이죠. 사람들은 이런 니체의 철학에 '생명 철학'이라는 이름을 붙였답니다.

이제 데카르트와 니체의 서로 다른 주장을 통해 여러분은 '나'가 누구인지 생각해 보게 되었을 거예요. 나는 정신과 신체로 이루어져 있어요. 정신은 정신대로, 신체는 신체대로 중요한 역할을 하지요. 이제 여러분도 스스로에 대해 더 깊이 있게 생각해 나갈 수 있길 바랄게요.

르네 데카르트 (1596~1650)

르네 데카르트는 프랑스의 부유한 귀족 집안의 아들로 태어났어요. 1세 때 어머니가 세상을 떠났고, 10세부터 8년간 역사, 물리, 철학 등 다양한 공부를 했지요.

데카르트는 전쟁에도 참가했는데, 전투가 끝나면 막사에서 철학적인 생각에 빠지곤 했어요. 그리고 《방법서설》이라는 책을 썼어요. 이것은 여러 가지 학문에서 진리를 구하기 위한 방법에 관한 책이었어요. 데카르트의 명언 중 하나인 "나는 생각한다. 따라서 나는 존재한다."는 바로 이 책에 등장하는 말이에요.

데카르트는 모든 것을 의심해 봄으로써 정말로 믿을 수 있는 지식에 도달할 수 있는 방법을 알려 준 철학자예요. 그는 철학 외에도 우주와 기상에 대해서도 깊은 지식이 있었고, 수학의 발전에도 큰 기여를 남겼어요.

프리드리히 니체 (1844~1900)

작가이자 철학자인 니체는 독일에서 목사의 아들로 태어났어요. 그러나 5세 때에 아버지를 잃고 외가에서 자랐지요. 니체는 여성적이고 섬세한 성격이었다고 해요. 대학에서 신학과 고전 문헌학을 공부했지만 오랜 방황의 길을 걷기도 했지요. 한때는 스위스 바젤 대학에서 교수로 학생들을 가르쳤는데, 건강이 좋지 않아 그만둔 뒤부터 책을 쓰기 시작했어요.

니체는 "나는 망치로 철학을 한다."라고 말하고, 기존의 모든 철학을 때려 부수며 뒤집겠다고 주장했어요. 또 기독교도 비판했지요. 기독교의 교리는 인간의 의지를 나약하게 할 뿐이라고요. 니체는 자신의 대표 작품인 《차라투스트라는 이렇게 말했다》에서 이렇게 외쳤어요. "신은 죽었다!"

생각 넓히기

1. 감각 기관에 속았던 경험을 적어 보세요.

2. 여러분 주위에서 니체가 말한 '생명의 에너지'를 발견할 수 있는 것들을 찾아 적어 보세요.

3. '건강한 신체'와 '정신의 힘'은 둘 다 중요합니다. 하지만 그 가운데 여러분이 더 중요하다고 생각하는 것은 무엇인가요? 그 이유도 함께 적어 보세요.

'역사'에 대해 생각해 보자

객관적인 역사와 주관적인 역사가 있다고?

오늘 피아노 콩쿠르에 나갔다.
그런데 실수를 해서 연주를 망쳤다.
그리고 집에와서 울었다.
피아노가 싫고 배우기 싫다.
난 재능이 없나 보다.

일기 쓰기는 당연하다

여러분은 언제부터 일기를 썼나요? 아마 초등학교에 입학하면서부터일 거예요. 일기는 매일 꼬박꼬박 써야 한다고 의무감을 가지면 좀 고달픈 일이 될 수도 있어요. 하지만 사람은 원래 뭔가 적으려는 본능이 있어서, 어른들 중에는 누가 시키지 않아도 일기를 쓰는 사람들이 많답니다. 어렸을 때부터 일기를 쓰던 것이 습관이 되어 커서도 계속 쓰는 경우도 많고요.

일기를 쓰면 자신의 하루하루를 좀 더 소중하게 생각하고, 알차게 보낼 수 있기 때문에 습관 중에서는 으뜸이라고 할 수 있어요. 그러니 여러분도 너무 억지로 일기를 쓰지 말고 이왕 하는 거 즐겁게 하자라는 마음으로 썼으면 해요.

물론 선생님의 말에 동의하지 않는 친구들도 있을 거예요. 하지만 아주 옛날 사람들의 모습을 상상해 보세요. 서로 말을 주고받을 수 있었지만 문자가 없어서 글을 적을 수 없었던 시대 말이에요. 그때는 모든 지식을 입에서 입으로 전해야만 했지요. 그러다 보니 많은 사람들에게 지식이 전달되기 어려웠어요.

그래서 만들어진 게 바로 '문자'예요. 대표적으로 서양에서는 소리를 표시한 알파벳, 동양에서는 모양을 딴 한자가 만들어졌죠. 물론 그전에도 더 원시적인 문자들이 있었어요. 이처럼 인류는 끊임없이 뭔가를 기록하려고 노력해 왔답니다.

문자가 발명되기 이전을 우리는 '선사 시대'라고 불러요. 그리고 문자가 발명된 이후를 '역사 시대'라고 하고요. 좀 이상하죠? 선사

시대에도 인류의 조상들이 살았는데 왜 그때를 역사 이전의 시대라고 부를까요? 바로 문자가 없어서 뭔가를 기록하지 못했기 때문이에요. 사람이 살기는 했지만 뭔가를 기록하지 못한 시대가 곧 선사 시대인 거죠.

우리는 조상들이 남긴 기록물들을 가지고 당시의 역사를 상상하고 추측합니다. 옛날에는 사람들이 어떻게 살았을까? 어떤 생각을 하고 살았을까? 무엇을 제일 중요하게 생각했을까? 이런 것을 살펴보는 것이 바로 '역사학'이에요. 그런데 역사학이라고 해서 너무 거창하게 생각할 필요는 없어요. 역사는 한 사람 한 사람의 삶이 합해져 만들어지는 것이니까요.

여러분 개인을 한번 생각해 볼게요. 지금 여러분의 나이가 대략 11세라면 태어나서 10년 정도 산 거예요. 여러분만의 역사가 10년 정도인 거죠. 그런데 여러분도 글을 배우기 전에는 기록할 수가 없었죠? 그러니까 그때가 바로 여러분의 선사 시대인 거예요. 그리고 글을 익힌 후 한두 줄씩 일기를 쓰면서 기록을 남기게 되었죠? 그때가 바로 여러분의 역사 시대의 시작인 거고요.

그런데 만약 여러분이 일기를 쓰지 않는다면 그건 아직도 선사 시대에 살고 있는 것과 마찬가지예요. 원시인인 거죠. 그러니까 오늘부터라도 당장 일기를 쓰세요!

객관적인 역사와 주관적인 역사

역사에는 '객관적인 사실'이란 게 있어요. 우리나라 역사에서 예를 들어 볼게요. 이성계가 1392년에 조선을 건국했습니다. 그리고 1592년에는 일본이 침략해 온 임진왜란이 있었죠. 1636년에는 북쪽에서 여진족이 쳐들어온 병자호란이 있었고요. 1910년에는 일본에게 나라를 빼앗겼고 1945년에 해방이 되었습니다. 침략을 참 많이 받았죠?

가슴 아픈 역사이긴 하지만 어쨌든 위에 나열한 것들은 모두 객관적인 사실입니다. 그러니까 '객관적'이란 말은 누군가의 견해나 관점으로 바뀌는 게 아니고 사실 그 자체예요. 누구나가 인정할 수 있는 것을 두고 하는 말이에요. 아무리 세월이 지나도 그 해에 그런 일이 있었다는 사실은 바뀌지 않죠.

그런데 앞의 사건들을 바라보면서 드는 느낌은 모든 사람에게 같지 않아요. 우리나라 사람이라면 1592년과 1910년은 속상하고 가슴 아픈 시기예요. 하지만 일본인 친구들이 여러분 옆에서 같은 사건을 배웠다고 할 때는 다른 기분일 수도 있어요. 이렇게 어떤 사실에 대해 각자가 다르게 생각하는 느낌을 '주관적'이라고 해요.

또 하나의 예를 더 들어 볼게요. 미국에는 '콜럼버스의 날'이라는 기념일이 있어요. 콜럼버스의 날은 1492년 10월 12일 탐험가

크리스토퍼 콜럼버스가 처음으로 아메리카 대륙에 상륙한 것을 기념하는 날이에요. 아메리카 대륙에 있는 일부 국가들은 10월 12일을 기념일로 지정하고 있고, 미국은 매년 10월 두 번째 월요일을 국경일로 지정해 기념하고 있어요.

그런데 아메리카 대륙의 원주민들은 콜럼버스가 아메리카 대륙을 '개척'했다고 말하지 않아요. 콜럼버스가 아메리카 대륙에 상륙하기 전에도 원주민들이 살고 있었고, 그들이 주인이었거든요. 원주민들 입장에서 보면 콜럼버스는 초대하지 않은 손님이었어요. 그런데 그 손님이 갑자기 들어와 주인 행세를 하며 원주민들을 학살하고, 노예로 부렸으니 반가울 리가 있겠어요?

유럽인들의 입장에서 콜럼버스는 신대륙을 발견한 위대한 개척자라고 할 수 있어요. 유럽에서 아메리카로 가는 가장 짧은 항로를 개척했고, 그 길을 따라 많은 사람들이 아메리카로 이주했거든요. 하지만 그때 아메리카에 살던 수많은 원주민들을 학살했으니, 원주민들의 입장에서는 콜럼버스가 잔인한 침략자였지요. 이처럼 보는 사람에 따라 콜럼버스는 개척자일 수도 있고, 침략자일 수도 있어요. 이제 '주관적'이란 게 어떤 것인지 이해할 수 있겠지요?

그럼 여러분의 역사를 가지고 생각해 볼게요. 여러분 중에는 2013년에 초등학교에 입학한 친구가 많을 거예요. 그건 객관적인 사실이어서 평생 동안 바뀌지 않는 것이죠. 그런데 지금 학교생활이 즐거우면 2013년이 행복한 느낌으로 다가올 거고, 혹시 학교 가기가 싫거나 힘들다면 2013년이 나쁜 느낌으로 다가올 수도 있어요. 이런 게 주관적인 느낌, 혹은 생각인 것이죠.

과거에 대한 생각이 바뀐다

여러분에게도 과거에 경험한 사건에 대한 느낌이나 생각이 바뀐 것이 있나요? 이를테면 예전에는 나에게 안 좋은 일이라고 생각했는데, 시간이 좀 지나고 보니까 오히려 좋았던 일이라는 생각이 드는 경우죠.

예를 들어 볼까요? 엄마가 여러분을 피아노 학원에 보냈어요. 처음에는 피아노 치는 게 너무 싫고 그 시간에 컴퓨터 게임을 하고 싶어서 엄마를 원망했어요. 그런데 체르니를 마치고 나니까 이런 저런 곡을 연주할 수 있게 되었고, 콩쿠르에 나가서 상도 타고, 주변에서 칭찬도 많이 받으니까 어느새 피아노 치는 것이 좋아졌어요. 그래서 '엄마에게 이끌려 피아노를 배웠던 것이 다행이었구나.'라고 생각할 수 있어요.

그렇다면 처음 피아노 학원에 간 날의 일기와 오늘의 일기가 달라졌겠죠? 피아노 학원에 간 것은 변하지 않는 '객관적'인 사실이고 사건이에요. 하지만 그것에 대한 나의 느낌은 달라질 수 있으니까 '주관적'인 것이죠.

그런데 어느 날 피아노 콩쿠르에 나갔다가 생각지도 못했던 실수를 연발해서 연주를 망치고 말았어요. 집에 와서 울면서 엄마한테 "피아노 치기 싫어. 재능도 없는 나한테 왜 피아노를 배우라고 했어?"라면서 짜증을 냈어요. 아마 그날은 일기장에 피아노를 치기 시작한 것을 후회한 내용을 쓰겠지요? 하지만 나중에 외로울 때나 즐거울 때나 피아노가 친구가 된다는 걸 알게 된 뒤에는, 다시 엄마한테 이야기하죠.

"엄마, 난 엄마가 피아노를 배우게 해 준 게 제일 고마워!"

이렇게 지나간 일에 대한 느낌, 또는 생각은 조금씩 바뀌기도 한답니다.

2016년 4월 16일 토 요일

오늘 피아노 콩쿠르에 나갔다.
그런데 실수를 해서 연주를 망쳤다.
그리고 집에와서 울었다.
피아노가 싫고 배우기 싫다.
난 재능이 없나 보다.

역사는 과거와 현재 사이의 대화

영국의 유명한 역사학자인 E. H. 카는 이런 것을 두고 "과거의 사건과 현재의 우리가 서로 대화를 나눈다."고 말했어요. 카의 유명한 책 《역사란 무엇인가?》에 나오는 말이지요.

아니, 친구도 아니고 과거랑 현재가 어떻게 대화를 나누느냐고요? 이런 걸 바로 의인화라고 하죠. 역사의 과거와 현재를 마치 사람인 것처럼 생각하고 표현한 거예요. 그래도 잘 이해되지 않는다고요? 피아노 학원에 간 과거의 나와 지금의 내가 무슨 대화를 나눈다는 거냐고요?

생각해 보세요. 친구들과 대화를 나누면 어떤 효과가 있을까요? 서로를 더 이해하게 됩니다. 그리고 서로에게 영향을 끼치게 되죠. 우리는 대화를 하면서 싸우기도 하고 갈등을 겪기도 하지만 사이가 더 좋아지는 경우가 많습니다.

몇 년 몇 월 며칠에 있었던 과거의 사건은 분명히 바뀔 수 없는 일이지만, 그 사건에 대해서 내가 가지는 생각은 바뀔 수 있어요. 마치 친구 사이처럼 예전의 사건에 대한 생각이 시대가 바뀌면서 다르게 평가하게 된다는 거예요.

어릴 때 하나의 악기를 배운다는 건 굉장히 중요하고 소중한 일이에요. 여러분의 일생에 좋은 영향을 끼치게 되죠. 이런 지나간 과거가 지금의 여러분의 생활에 당연히 영향을 끼칠 거고요. 앞에서 피아노 학원을 다니는 친구의 예를 들었듯이, 우리는 지금 일어나는 일들에 영향을 받아 과거 사건에 대한 생각이 바뀌기도 해요. 지금의 여러분이 과거의 일에 대해 영향을 끼치는 거죠. 그래서 여러분이 꼭 기억했으면 하는 말이 있어요.

"역사란 과거의 일에 대해 '지금'의 내가 기록하는 것이다."

역사는 지나간 일이지만 그것을 기록하는 순간은 언제나 '지금'이라는 걸 잊어서는 안 돼요. 그렇다면 지금 내가 어떻게 생각하는 사람인지에 따라 과거에 대한 생각도 달라지는 셈이죠.

시대를 나누는 방법

이제 역사에 대해 한 가지 더 생각해 보도록 해요. 여러분이 살아왔던 과거를 몇 개의 시기로 나누어 봅시다. 어떻게 나누는 게 좋을까요? 일단 학교를 기준으로 이렇게 나눌 수 있겠죠.

| 유치원 다니기 전의 시기 | 유치원생 시기 | 초등학생 시기 |

좋은 구분이에요. 선생님은 어느 동네에 살았는지를 기준으로 이렇게 나누어 보았어요.

| 반포동에 살았던 시기 | 대방동에 살았던 시기 | 역삼동에서 산 시기 |

또 이렇게도 나눌 수 있습니다.

| 결혼하기 전 | 결혼한 이후 |

이처럼 지나간 과거를 각자가 정한 기준에 따라 몇 개의 시기로 나눌 수 있어요. 여러분의 10년 역사도 이렇게 저렇게 나눌 수 있겠지요.

마찬가지로 우리나라의 역사, 나아가 세계의 역사도 이렇게 구분할 수 있어요.

그러면 이제 역사를 가장 대표적으로 나누는 방식을 소개할게요. 사람은 다른 동물과 달리 두 다리를 땅에 딛고 서잖아요? 그래서 사람들은 두 손을 자유롭게 쓸 수 있게 되었어요. 남은 두 손으로 도구를 사용하게 된 것이고요. 원시인들이 어떤 도구를 사용했느냐에 따라 역사는 다음과 같이 나누어요.

| 구석기 시대 | 신석기 시대 | 청동기 시대 | 철기 시대 |

구석기 시대와 신석기 시대는 석기, 그러니까 돌을 사용한 시기예요. 청동을 사용한 시기는 청동기 시대, 철을 이용한 시기는 철기 시대라고 부르지요.

이 중 청동기 시대에 처음으로 문자가 발명되었어요. 문자를 발명하기 전에는 역사를 기록할 수가 없었어요. 그래서 앞에서 말한 것처럼 문자 발명을 기준으로는 다음과 같이 구분하지요.

| 선사 시대 | 역사 시대 |

또 지금을 기준으로 시간에 따라서는 다음과 같이 구분합니다.

| 고대 | 중세 | 근대 | 현대 |

우리 한반도에 건국된 나라 이름은 시대적으로 다음과 같이 구분해요.

| 고구려·백제·신라 | 통일 신라 | 고려 | 조선 | 대한민국 |

역사를 바라보는 눈

이렇게 역사의 시기를 구분하는 것을 '시대 구분'이라고 합니다. 여러분이 교과서에서 배우는 시대 구분은 '선사 시대 – 고대 – 중세 – 근대 – 현대'입니다. 그런데 같은 기준으로 구분한다고 해도 그 시대를 구분하는 시점은 역사학자들마다 생각이 조금씩 다릅니다. 예를 들어 우리 역사에서 어떤 학자는 1876년 강화도 조약이 있었던 해를 근대의 시작으로 보지만, 다른 학자는 1894년 갑오개혁이 있었던 해를 근대의 시작으로 보기도 합니다.

한 가지 예를 더 들어 볼게요. 어떤 학자는 대한민국이 건국된 시점을 1919년 대한민국 임시 정부가 세워졌을 때라고 생각합니다. 당시 일본의 식민 지배를 받고 있었지만, 임시 정부를 대한민국 정부라고 생각하는 것이죠. 한편 해방 이후 이승만 대통령이 취임한 1948년을 대한민국이 건국된 시점이라고 생각하는 학자도 있어요. 임시 정부를 대한민국의 정부라고 이야기하기에는 당시 일제 식민 치하라는 한계가 있다고 여기기 때문입니다.

요즘 한국사 교과서에 대한 논란이 많습니다. 어떤 학자가 주도해서 교과서를 만드느냐에 따라, 우리가 살고 있는 대한민국의 건국 시점이 달라질지도 모르겠네요.

정리하면, 과거의 객관적인 사실은 바뀔 수 없는 것이지만, 어떤 역사학자가 역사를 정리하느냐에 따라서 교과서의 내용은 조금씩 달라질 수밖에 없습니다. 역사학자들마다 '견해'가 다르기 때문이죠.

그렇다면 여러분의 역사도 마찬가지입니다. 지나간 과거에 대해 어떤 '눈'을 가지고 바라보느냐에 따라 여러분의 과거는 달라집니다. 물론 여러분이 몇 년에 초등학교에 입학했는지는 달라지지 않습니다. 하지만 여러분의 지나간 과거가 어떤 느낌으로 다가오는지는 달라지지요.

우리의 미래는 지나간 것을 토대로 만들어집니다. 그러니 여러분이 어떤 '눈'으로 과거를 바라보는지는 여러분의 미래에 큰 영향을 끼치게 되지요. 역사를 단순히 옛날이야기로 생각해서는 안 돼요. 그런 의미에서 역사 공부를 게을리 해서도 안 되겠죠? 잘 알아야 잘 생각할 수 있으니까요.

E. H. 카 (1892~1982)

에드워드 핼릿 카는 세계적인 역사학자이자 국제 정치학자예요. 영국 케임브리지 대학교 트리니티 칼리지를 졸업하고 영국 외무부에서 일했지요. 이후 대학에서 학생들을 가르쳤고, 유명한 주간지 《타임》에서 일하기도 했어요. 1948년에는 국제 연합 '세계 인권 선언' 기초위원회 위원장을 맡기도 했고요.

카가 유명하게 된 것은 1961년에 케임브리지 대학교에서 강의한 내용을 엮어 만든 책 《역사란 무엇인가?》 때문이에요. 그는 이 책에서 '역사는 과거와 현재와의 끊임없는 대화'라는 말을 남겼지요. 또 역사를 기록하는 사람의 주된 임무는 '있었던 일'을 기록하는 것만이 아니라 '있었던 일'을 평가하고 비판하는 일이라고 주장했답니다. 그리고 역사적 사건을 해석하고 평가하는 기준도 그 당대의 가치관을 반영하므로, 역사의 해석은 시대와 사회에 따라 다를 수 있다고 말했어요.

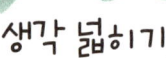

생각 넓히기

1. 오늘 있었던 일 중에서 가장 기억에 남는 일과 그에 따른 느낌이나 생각을 함께 적어 보세요.

2. 예전에는 나에게 나쁜 일인 줄 알았는데, 지금 돌아보니 오히려 나에게 도움이 되는 일이었다고 생각하게 된 일이 있다면 적어 보세요.

3. 여러분의 나이를 적고, 지금까지 살아온 여러분 역사의 시기를 구분해 보세요. 지금까지 여러분의 삶에 영향을 끼친 가장 기억에 남는 일을 기준으로 여러분의 과거를 둘 또는 셋으로 나누고 설명해 보세요.

3장

'공부'에 대해 생각해 보자

공부는 왜 해야 하고, 어떻게 해야 할까?

공부의 어원

여러분은 공부가 재미있나요? 여러분의 대답을 직접 듣지 못하는 게 안타깝네요. 아마 이 책을 읽고 있는 어린이들은 공부를 재미있어할 것 같아요. 적어도 이 책을 읽고 있는 여러분은 때때로 공부해서 뭔가 알아 나가는 게 재미있다고 느낀 경험은 있을 거예요. 어떤 친구들은 이렇게 대답하기도 하더군요.

"선생님이 재미있으면 공부가 재미있고, 선생님이 재미없으면 공부가 재미없어요."

맞는 말이에요. 선생님이 흥미롭게 잘 가르치면, 재미없는 과목의 공부도 갑자기 즐거워질 수 있죠. 하지만 공부는 누군가에게 배우기만 하는 건 아니에요. 혼자서 복습하고 책을 읽는 것도 공부예요. 지금 이 책을 읽고 있는 것도 아마 혼자서 공부하고 있는 시간이겠죠? 독서를 할 때는 여러분 스스로 해 나갈 수밖에 없어요.

자, 이번에는 '공부'가 도대체 무엇인지 같이 공부해 보도록 해요. 공부의 원래 뜻을 알려면 이 단어의 한자를 살펴보면 좋아요. 공부는 한자로 이렇게 써요.

工夫.

여기서 工 자는 뭔가 만들어 내는 공장의 '공'이고 夫는 남자, 사람을 의미해요. 그러니까 공부의 원래 의미는 '기술이 뛰어난 사람'이네요. '생활의 달인'이란 프로그램을 본 적이 있나요? 그 프로그램에 소개된 어떤 사람은 무를 쉴 새 없이 엄청나게 빠른 속도로 써

는 기술을 가지고 있어요.

개그맨 김병만 아저씨는 한때 코미디 프로그램에서 여러 가지 신기한 동작들을 일주일 내내 연습하고 훈련해서 시청자들에게 놀라움과 즐거움을 안겨 주기도 했죠. 이런 달인들을 옛날에는 '공부'라고 불렀던 거예요. 역사적으로 살펴보면 중국 당나라 때 처음 이 말을 사용했다고 합니다.

《장자》라는 책에도 달인에 대한 유명한 일화가 있어요. '포정'이란 사람입니다. 포정은 도축 일을 했어요. 도축은 잡은 소나 돼지를 부위별로 해체하는 일이에요. 포정은 그 일을 너무 잘해서 눈을 감고도 소 한 마리를 뚝딱 해체할 정도였지요.

하루는 포정이 일하는 모습을 본 위나라 혜왕이 도대체 어떻게 그렇게 할 수 있는지 물어보죠. 포정은 이렇게 대답했어요.

"황송하오나, 이것은 기술이 아닙니다. 기술이 경지에 오르면 도(道)가 됩니다. 19년 동안 수천 마리의 소를 잡다 보니 이제는 소의 몸에 나 있는 틈이 보입니다."

여러분, 포정이든 '생활의 달인'에 나오는 주인공이든, 개그맨 김병만 아저씨든 공통점이 있네요. 어떤 분야의 공부, 즉 달인이 되려면 오랜 시간을 들여서 노력을 해야 한다는 것이에요. 시간과 노력, 이것이 공부를 하기 위한 필수 조건인 것이죠.

배우는 건 정말 즐거울까?

하지만 오늘날 '공부'는 조금 다르게 쓰이고 있죠. 공부는 무언가를 '배우는 것'을 뜻해요. 그러니까 한자어로는 學(학)의 의미로 쓰이고 있어요. 여러분은 학생이고 학교에 가죠? 여기서 쓰는 '학'과 같아요.

그렇다면 학(學)은 언제부터 사용했을까요? 처음 '학'을 말한 사람은 중국의 공자예요. 공자의 제자들이 공자의 말씀을 모아 놓은 책이 《논어》인데, 놀랍게도 《논어》의 제일 첫 글자가 바로 학(學)이에요. 여러분도 많이 들어 보았을 거예요. 바로 이 구절이지요.

학이시습지 불역열호(學而時習之 不亦說乎)

한문이 나왔다고 바로 골치 아프게 생각하면 안 돼요. 이 말의 뜻은 "배우고 때때로 익히면 또한 즐겁지 않겠는가."라는 거예요.

여기서 학습이라는 말이 나왔답니다. 학습을 즐거워하는 친구도 있겠지만 아마 적지 않은 친구들은 고개를 설레설레 저을 것 같네요. 공자는 학자여서 학습하는 것이 즐거웠을지 모르지만 사실 뭔가를 꾸준히 배운다는 건 힘든 일이지요.

예를 배우다

우선 공자가 왜 그런 말을 했는지는 그 이유를 한번 따져 볼 필요가 있어요. 2,500년 전에는 배워야 할 것이 오늘날 여러분이 배우는 것처럼 여러 과목으로 나누어져 있지 않았어요. 일단 영어, 과학, 이런 게 없었고 어려운 수학 문제를 풀 일도 없었죠. 그러니까 지금하고는 환경이 완전 다르죠. 그럼 그때는 뭘 배웠을까요? 바로 예(禮)랍니다. 그럼 예는 무엇일까요?

예의범절이요? 맞습니다. 그것도 예죠. 여러분이 선생님에게 존댓말을 하고, 동네의 할아버지, 할머니들을 만나면 고개 숙이고 인사하잖아요? 그런데 강아지들은 안 해요. 왜 그렇죠? 강아지는 사람이 아니니까요. 그러니까 예는 사람이기 때문에 배워야 할 도리예요. 사람이 동물과 다른 이유를 나타내 주는 것이기도 했죠. 그런데 공자가 살았을 당시의 예는 그것만 의미하는 건 아니었어요. 인류가 오랫동안 쌓아온 지혜, 문화, 관습 이런 것들을 모두 합해서 '예'라고 불렀어요.

공자는 왜 이런 것을 배우는 게 즐겁다고 했을까요?

그건 여러분이 공자의 시대까지 거슬러 올라가지 않아도 알 수 있어요. 잘 기억은 나지 않겠지만, 태어나서 지금까지 자라는 동안 여러분은 매일매일 이 세상의 모든 것을 신기해하면서 주로 엄마,

아빠가 하는 걸 보고 따라 하고 배우고 즐거워했어요. 엄마가 전화 받는 모습을 보고는 혼자 휴대 전화를 귀에 대고 있다든지, 아빠가 양치질하는 걸 보고 자기도 칫솔로 치카치카 따라 해 보기도 했던 거죠. 밥을 먹을 때 숟가락, 젓가락 잡는 법도 배우고, 화장실에서 혼자 응가하는 법도 배운 거죠. 이렇게 호기심 많은 여러분은 사람들이 만들어 놓은 문화를 하나씩하나씩 배워 나갔고, 그걸 배우면서 즐거워했던 것입니다.

그런데 책 읽는 건 즐거워하지 않았다고요? 여러분이 지금은 책을 싫어하는지 모르겠지만, 분명히 어렸을 때는 책을 펼쳐 놓고 이리저리 넘기며 즐거워했을 거예요. 그리고 아장아장 기어 다니면서 연필을 잡고 하얀 종이 위에 무언가 알 수 없는 것들을 그리려고도 했고요. 한글을 배우고 직접 내 이름과 부모님의 이름을 적어 보면서 역시 기뻐했을 거예요. 이렇게 무언가를 배운다는 것, 그리고 그것을 자기 것으로 만들어서 직접 해 보는 일은 무엇이든 즐거운 일이랍니다.

공부가 재미없는 이유

그런데 왜 이런 즐거움을 잊고 공부를 싫어하게 된 걸까요? 그

건 아마 첫 번째로 여러분이 살아가는 세상은 공자가 살았던 시대와 다르게 해야 할 공부가 많기 때문일 거예요. 배우고 싶어 하는 양보다 훨씬 많은 것을 배워야 하니까 아무래도 공부가 버겁고 힘들게 느껴지지요.

두 번째로는 여러분이 흥미를 가지는 것만이 아니라 관심 없는 것까지도 배워야 하니까 공부에 흥미를 잃게 된 거예요.

그런데 이 두 가지 이유의 공통점은 무엇일까요? 바로 스스로 원해서 하는 것이 아니라, 어른들이 해야 한다고 해서 한다는 점이에요. 즉, 자율적인 공부가 아닌 타율적인 공부라는 거죠. 그러니까 공부하기 싫다면, 그 이유는 간단해요. 스스로 원해서 하는 공부가 아니기 때문이죠.

예를 들어 아무리 밖에서 축구하는 게 좋은 사람이라도, 아무리 게임을 좋아하는 사람이라도 하루 종일 축구만 해야 한다면, 하루 종일 게임만 해야 한다면 어떨까요? 좋아하는 일이 괴로운 일이 될 수 있지요. 공부도 마찬가지예요. 아무리 공부를 좋아하는 친구라도 온종일 계속 공부만 하면 지겨울 수밖에 없죠. 따라서 어떤 일이든지 그것을 할 때 즐거운지 괴로운지는, 내가 원해서 하는 것인지 아닌지에 달려 있어요.

너무 많은 학원에 다니는 것도 여러분이 스스로 공부를 하는 게 어려워진 하나의 이유예요. 학교가 끝나면 혼자 공부하고 복습하는 것이 중요한데, 이리저리 학원을 다니다 보면, 공부는 혼자 하는 게 아니라 학교나 학원에서 하는 것이라고 잘못 생각할 수 있어요. 그러다 보면 혼자 공부하려 할 필요도 없고 학원에서 하라는 대로 의존하는 습관이 쌓이니까, 스스로 찾아서 공부하는 습관을 기르지 못하는 거죠.

남에게 보이기 위한 공부

자, 이렇게 여러분이 공부를 싫어하게 된 이유를 진단해 봤는데, 한마디로 정리하면 '자율'이냐 '타율'이냐 하는 거예요. 공자는 오늘날 여러분이 공부를 지겨워할 줄 미리 알았는지, 이미 2,500년 전에 이런 말을 남겼답니다.

"옛날에는 자기를 위해 공부하는 사람이 많았는데
지금은 남에게 보이려고 공부하는 사람이 많다."
[고지학자위기, 금지학자위인(古之學者爲己, 今之學者爲人)]

여기서 자기를 위해 공부하는 사람을 '위기지학(爲己之學)'이라고 해요. '위기지학'의 '기(己)'는 '자기'를 의미하지요. 반대로 남에

게 보이려고 공부하는 사람을 '위인지학(爲人之學)'이라고 합니다. 여기에서 '인(人)'은 '남'을 의미하지요.

누가 시켜서 하는 게 아니라 스스로 원해서 자율로 공부하는 사람이야말로 자기를 위해 공부하는 사람입니다. 그런 사람은 배우고 때때로 익히면 즐거울 수밖에 없죠. 그런데 남에게 보이기 위해서 공부하는 사람은, 잠깐은 노력할 수 있지만 항상 즐겁게 공부할 수는 없어요. 여러분도 알다시피 남에게 보이는 건 잠깐이고, 항상 남을 의식하며 살 수도 없는 노릇이거든요. 따라서 '위인지학'은 즐거울 수 없는 것이죠.

'위인지학'의 몇 가지 예를 들어 볼게요.

좋은 학교에 진학하기 위해서 공부한다

이 사람들은 성적이 뛰어나면 주변에서 부러워하는 것이 좋고, 친구들에게 으스댈 수 있으니까 공부하는 사람이에요. 만약 이런 생각을 갖고 있다면, 나중에 국제중, 특목고, 명문대도 남에게 과시하기 위해서 갈 수 있어요. 내가 원하는 것보다 남의 눈을 의식하는 거죠.

그런데 재미있는 건, 이런 마음을 가져서는 꾸준하게 공부할 수 없기 때문에 좋은 학교에 진학하기 쉽지 않다는 점이에요. 또 설령 참고 인내해 좋은 학교에 들어간다 해도 남에게 더 이상 자랑할 게 없어지는 순간 공부의 필요를 느끼지 못해요. 그러면 공부를 중단하거나, 남에게 자랑하고 싶은 다른 것을 찾게 됩니다. 그래서인지 명문 대학을 졸업하고도 삶의 목적을 찾지 못한 사람이 정말 많답니다.

부모님을 위해서 공부한다

부모님이 여러분을 잘 키우기 위해 정말 노력하신다는 걸 다들 잘 알고 있죠? 그런 부모님이 공부를 열심히 하기를 바라니 그 기대에 어긋나고 싶지 않을 거예요. 그래서 '내가 공부하지 않으면

부모님이 실망하실 거야.'라는 생각으로, 부모님의 기대에 부응하기 위해 노력할 수도 있어요.

하지만 이런 공부도 역시 오래가지 못하고, 나중에 부모님과 갈등을 만들 수도 있어요. 부모님이 정말 원하는 게 무엇일까요? 부모님은 여러분이 꿈을 이루고 행복하게 살길 바랄 거예요. 정말 부모님을 위한다면 다시 처음으로 돌아가 여러분이 왜 공부를 해야 하는지 진지하게 생각해 보길 바랍니다.

나를 성장시키는 공부

그렇다면 '위기지학'의 공부는 어떤 것일까요?

나를 성장시키기 위해 공부한다

무언가를 배우는 까닭은 이전보다 더 나은 사람이 되기 위해서예요. 어린 시절 걷는 법, 젓가락질하는 법을 배우는 것을 포함한 무언가를 배우는 것은 이전보다 나은 사람이 되는 과정입니다.

여러분이 지금 하는 공부도 마찬가지예요. 사람은 누구나 육체적으로, 정신적으로 성장하기를 바라지요. 여러분의 키가 조금씩 커지는 것을 모두가 기뻐하듯이 여러분이 무언가를 하나하나 배워 나가면서 정신적으로 성장하는 것은 눈에 보이지는 않지만 정말 즐거운 일입니다.

공부는 평생 하는 것이다

지긋지긋한 공부를 평생 하라니 갑자기 기운이 빠지나요? 하지만 공공 도서관이나 문화 센터 등에서 나이 드신 할아버지, 할머니들이 장구나, 춤, 서예 등을 배우는 것을 본 적이 있을 거예요. 공부는 태어나서 세상을 떠나는 날까지 계속 이어지는 것입니다. 대학을 졸업하는 순간 끝나는 것이 절대 아니지요.

사회에 나가서도 계속 경험을 통해, 또 책을 통해서 배움은 이어져요. 다만 초등학교, 중학교, 고등학교 때는 여러분이 어엿한 성인이 되기 전이고 '학생'이기 때문에 '학교에서, 주로 책을 통해, 더 많은 시간을 들여서 공부'하는 것이 다를 뿐이에요.

성적은 공부의 결과로 자연스럽게 따라오는 것이다

자기 스스로를 위해 공부하는 사람은 학교 성적에만 집착하지 않아요. 성적 때문에 공부한 게 아니라 나를 성장시키기 위해 공부했기 때문이죠. 마찬가지로 꼭 명문 대학에 입학하지 않았다고 좌절하거나 실망하지도 않습니다. 오직 명문 대학에 가기 위해서 공부한 것은 아니었기 때문이죠.

옛말에 '진인사대천명(盡人事待天命)'이라는 말이 있어요. 최선을 다하고 결과는 하늘의 뜻에 맡긴다는 말이죠. 지나치게 성적에 집착하는 것은 '위기지학'을 하는 사람의 자세는 아니랍니다.

지금까지 《논어》에 나온 학습과 공부의 철학에 대해 생각해 보았어요. 물론 여러분의 현실과는 다른 부분이 있을 수 있어요. 하지만 분명히 알아야 할 것은 공부에 대한 철학 또는 생각입니다. 여러분은 앞으로 중학교, 고등학교에 진학하면서 지금보다 더 많은 공부를 하게 될 텐데, 왜 공부해야 하는지에 대한 이유를 찾지 못한다면 이 기간이 아주 지루하고 괴로운 시간일 수밖에 없어요. 즐겁게 공부하고 좋은 결과를 얻고 싶다면 공부를 왜 해야 하는지에 대한 깨달음이 필요해요.

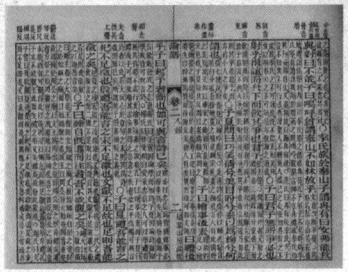

《논어》 (기원전 450년경)

《논어》는 유교의 경전이에요. 고대 중국의 사상가인 공자의 가르침을 전하는 책이지요. 인생의 교훈이 될 만한 주옥같은 내용이 담겨 있는 《논어》는 아주 오랫동안 지식인들이라면 반드시 읽어야 하는 책으로 손꼽혀 왔어요. 《논어》의 첫 구절은 바로 공부에 대한 내용이에요. 왜냐하면 공자는 학습이야말로 인간에게 가장 중요한 것으로 여겼거든요.

"배우고 때때로 익히면 즐겁지 않겠는가. 벗이 먼 곳에서 찾아오면 즐겁지 않은가. 남이 나를 알아주지 않더라도 노여워하지 않으면 또한 군자가 아닌가."[학이시습지 불역열호 유붕자원방래 불역락호 인부지이불온 불역군자호(學而時習之 不亦說乎 有朋自遠方來 不亦樂乎 人不知而不慍 不亦君子乎)]"

이 말은 배움을 닦아 덕성을 쌓고, 훌륭한 인격이 갖춰진 친구와 사귀며, 자기 실력을 향상하기 위해 노력할 뿐, 남들이 몰라주더라도 개의치 않는다는 뜻이에요.

생각 넓히기

1. '위기지학'과 '위인지학'의 차이점을 비교해서 적어 보세요.

2. 《논어》의 첫 구절은 "배우고 때때로 익히면 즐겁지 않겠는가"입니다. 학습이라는 말이 여기서 유래했습니다. 하지만 학습이 재미없는 일이라는 생각이 들 때가 있죠? 왜 그런 생각이 들었는지 적어 보세요.

3. 여러분이 좋아하는 과목과 싫어하는 과목을 하나씩 적어 보고, 싫어하는 과목을 즐겁게 공부하기 위해서 어떤 방법이 필요할지 생각해 보세요.

4장

'행복'에 대해 생각해 보자

행복은 무엇이며 행복해지기 위해서는
어떻게 해야 할까?

구체어와 개념어

여러분이 태어나서 처음 배운 단어는 무엇이었나요? '앙', '잉' 같은 의성어 말고요. 아마도 늘 함께했던 '엄마', '아빠' 또는 배고플 때 찾았던 '맘마' 같은 단어였을 거예요. 그리고 연필, 책, 전화기, 텔레비전, 숟가락 등 주변에 보이는 것들에 대해 하나하나 배워 갔겠죠.

이런 단어들의 특징은 무엇일까요? 바로 눈으로 볼 수 있다는 거예요. 또 눈으로만 보이는 게 아니라 만질 수도 있고 또 어떤 것이 소리를 내면 들을 수도 있지요. 우리는 눈으로 보는 시각, 귀로 듣는 청각, 손에 무엇이 닿는 촉각, 코로 냄새 맡는 후각, 혀로 맛보는 미각을 이용해서 단어를 배우고 익혀 왔어요.

그런데 한 살 두 살 나이를 먹고 학년이 올라가면서는 점차 눈에 보이지 않는 단어들도 접하게 되지요. 예를 들어 친구들끼리 주

먹질과 발길질을 하며 싸우는 건 눈에 보이잖아요? '싸움'이라고 하죠. 그런데 싸우다가 다시 사이가 좋아지면 어떤 상태라고 하나요? 맞습니다. '평화'로운 상태라고 하죠. 그런데 '평화'라는 단어는 눈에 보이는 단어가 아니에요. 비슷한 것들로 '사랑', '우정', '감동'…… 그리고 여기서 생각해 볼 '행복'과 같은 단어들이 있어요. 이렇게 눈에 보이지 않는, 어떤 뜻을 갖고 있는 말들을 '개념어'라고도 해요.

학교에서 한 학년, 한 학년 높아진다는 건, 이렇게 눈에 보이지 않는 단어들을 계속 배워 나가는 것을 의미해요. 아마 여러분은 '사고력'이란 말을 들어 보았을 거예요. 사고력이 뛰어난 사람은 어떤 사람일까요? 물론 여러분이 태어나면서 맨 처음 배우는 구체적인 단어들도 생각의 재료가 되기 때문에, 이러한 단어를 많이 아는 것도 필요하긴 해요. 하지만 여러분이 식탁, 가방, 세탁기, 진돗개 등과 같은 단어들을 아무리 많이 안다고 해도 사고력이 갑자기 높아지는 건 아니에요.

사고력이 뛰어난 사람이 된다는 건, 간단히 말해서 '눈에 보이지 않는 단어'들을 많이 안다는 것을 의미합니다. '세탁기'와 '텔레비전'에 대해 이야기하는 사람보다 '사랑'과 '평화'에 대해 이야기하는 사람이 좀 더 수준 높은 사고력을 갖고 있다고 말할 수 있어요.

외국어로 예를 들면 더 쉽게 이해할 수 있을 거예요. 처음 영어를 배울 때는 구체어로 이야기를 나눕니다. "밥 먹자", "나가자", "물 좀 줘"처럼 단순하고 눈에 보이는 상황을 다루는 정도의 대화만 하지요. 그런데 아무리 영어의 발음이 좋고 유창하게 말할 수 있다고 해도, 말하는 내용이 구체어를 벗어나지 못하면 수준 높은 영어를 한다고 말할 수는 없어요. 우리말도 물론 마찬가지죠.

이런 면에서 여러분이 알아두어야 할 게 있어요. 우리가 무언가를 '생각'한다는 것은 '언어'를 가지고 하는 것입니다. 언어 없이는 어떤 생각도 할 수 없어요. 물론 언어를 배우지 못해도 무언가를 느낄 수는 있지만 우리가 구사하는 여러 단어들이 없으면 더 이상 생각을 진전시킬 수가 없지요. 서너 살 먹은 꼬마들의 대화에는 한계가 있는 것처럼요. 그래서 여러분의 '어휘력'이 중요하고, 그중에서도 '행복'과 같은 어휘가 중요한 것입니다. 여기서는 '행복'에 대해 이야기해 보도록 할게요.

육체적인 행복과 정신적인 행복

'행복'에 대해 모르는 사람은 없습니다. 누구나 행복했던 기억을 가지고 있으니까요. 꼭 가지고 싶었던 생일 선물을 받았을 때, 예상하지도 않았는데 아빠가 퇴근길에 치킨을 사 왔을 때, 친구들과 마음껏 운동장에서 뛰놀 때 등등. 정말 다시 생각해도 행복감이 몰려올 거예요.

행복감, 또는 즐거움에는 두 가지 종류가 있어요. 육체적인 행복과 정신적인 행복입니다.

햄버거를 먹고 싶었는데 엄마가 패스트푸드점에서 맛있는 세트 메뉴를 사 주었을 때나, 친구들과 떡볶이를 나눠 먹으며 행복하다고 느끼는 것은 식욕이 충족되었기 때문이에요. 그걸 먹으면 즐겁기 때문이죠. 이것 말고도 몸이 편해서 느끼는 행복감도 있어요. 뛰는 것보다는 걷는 게, 걷는 것보다는 앉는 게, 앉는 것보다는 눕는 게 편하다고 하잖아요? 사람은 이렇게 맛있는 것을 먹고 싶어 하고 또 신체적으로 더 편안하고 싶어 합니다. 이것이 바로 육체적 즐거움이에요.

그런데 이것과 다른 즐거움도 있지요. 가난한 집의 부모가 아이와 함께 모처럼 외출을 했어요. 빠듯한 살림살이라 외식은 엄두도 못 내지만 이날은 아이가 학교에서 1등을 한 기념으로 탕수육을 사 먹기로 했거든요.

학원도 한 번 안 다닌 아이가 열심히 공부해서 좋은 성적을 냈으니 부모 입장에서는 너무 뿌듯했을 거예요. 힘들게 일해서 아이를 키운 보람도 느꼈겠지요. 아이가 맛있게 탕수육을 먹는 것을 보는 것만으로도 부모는 행복했어요. 이것은 앞의 육체적 즐거움과 다

르죠? 이런 것을 정신적인 즐거움이라고 합니다.

　육체적 즐거움과 정신적 즐거움은 모두 우리에게 필요한 것이에요. 이 두 가지 즐거움에는 중요한 차이가 있어요. 바로 즐거움이 느껴지는 시간이에요. 햄버거나 떡볶이는 먹기 전에 기대감을 가질 때와 먹는 순간, 그리고 배부르게 먹고 난 직후에만 즐겁습니다. 먹은 후 한 시간만 지나도 즐거움은 사라지죠. 금방 누군가가 또 햄버거를 준다면 그리 행복하지는 않을 거예요.

하지만 정신적 즐거움은 좀 더 오랫동안 지속됩니다. 앞서서 아이가 탕수육을 맛있게 먹는 모습을 보면서 행복감을 느끼는 부모의 즐거움은 한 시간이 지났다고 사라지는 것은 아니거든요.

우리에게는 육체적인 행복과 정신적인 행복이 모두 필요합니다. 그러니까 어느 한쪽의 즐거움만 찾으려고 하는 것, 특히 육체적 즐거움만을 찾으려고 하는 것은 어리석은 일이에요.

행복을 수학식으로 나타내면

그렇다면 우리가 행복을 느끼는 조건은 무엇일까요? 여러분도 살아가면서 뭔가 바라는 게 있을 거예요. 너무 많아서 걱정이라고요? 맞아요. 우리는 참 많은 것을 바라며 살아가지요. 매일매일 생일 파티를 할 때처럼 맛있는 것을 먹으면 좋겠고, 학교에서 보는 시험 점수가 잘 나왔으면 좋겠고, 부모님이 항상 칭찬만 해 줬으면 좋겠고, 동생이 내 말을 잘 들었으면 좋겠고……. 이런 여러 바람들이 있죠. 행복은 이런 바람이 얼마나 현실로 이루어졌는지와 밀접한 관련이 있습니다.

햄버거 세트 메뉴를 기대했는데 감자 튀김과 콜라도 없이 햄버거와 물만 나온다면 아무래도 실망스럽죠. 시험에서 100점을 기대했는데 80점을 받으면 상당히 괴로워요. 이런 것을 수학의 분수식으로 한번 나타내 볼게요.

네, 행복은 바람과 성취의 크기와 관련이 있다는 거예요. 여러분은 흔히 돈 많은 사람을 부러워하죠? 또 성적이 좋은 친구를 부러워하고요. 그리고 그런 사람이 행복할 거라고 생각합니다. 하지만 그건 잘못된 생각이에요. 여러분이 부러워하는 '바로 그 사람이 어떤 것을 얼마나 바라고 있는지'에 대해 알지 못하면, 그 사람이 얼마나 행복한지도 알 수 없어요.

위 분수식에서 알 수 있듯, 행복의 값은 분자와 분모의 수를 모두 알아야 답을 낼 수가 있어요. 공식이 이렇다 보니 우리는 남부러울 것 없어 보이는 사람들이 스스로 목숨을 끊는 사건을 뉴스에서 자주 접하기도 합니다.

학교 시험을 떠올려 보세요. 80점을 기대했는데 80점을 받으면 기분은 뭐 그럭저럭이지요. 그런데 100점을 기대하고 있는데 80점을 받으면 기분 나쁠 거예요. 똑같은 점수를 얻었는데 누구는 행복하고 누구는 불행한 까닭은, 바라는 정도가 달랐기 때문이에요. 그리고 이 두 친구가 만약 비슷한 정도의 실력을 가지고 있었다면, 100점을 기대한 친구는 실제의 능력에 비해 욕심이 많았다고 볼 수도 있습니다.

에피쿠로스와 스토아학파의 행복

여기서 중요한 단어가 등장했습니다. 바로 '욕심'이죠. 욕심은 보통 '바람'보다 좀 더 과할 때 쓰는 말입니다. 분수에 넘치게 무엇을 탐내거나 누리고자 하는 마음이지요. 누가 보아도 100점을 받을 수 있는 실력을 가진 친구가 100점을 바라는 것은 적절한 바람으로 보입니다. 하지만 80점 정도를 받을 수 있는 실력을 가진 친구가 더 큰 노력 없이 100점을 바라는 것은 '욕심'이에요. 이 친구는 자신의 바람의 정도를 낮추지 않으면 계속 불행한 사람이 될 수 있습니다.

한편, 이렇게도 생각해 볼 수 있어요. 객관적으로 봤을 때 100점을 받을 실력이 되는 친구가 90점 정도로 기대치를 낮추는 거예요. 그럴 경우 기대치를 넘긴 점수를 얻을 확률이 높아지지요. 그리고 시험을 친 후 결과를 보고 행복감을 느낄 가능성이 좀 더 높아질 수 있습니다.

그렇다고 무조건 기대치를 낮추는 것이 좋다고 말할 수는 없습니다. 이 방법은 행복을 얻는 소극적인 자세이기 때문이죠. 이렇게 소극적인 자세로만 지내면 무언가를 성취하는 힘이 떨어져요.

과도한 욕심은 사람을 불행하게 만들지만, 때로 적절한 욕심을 가져야 사람이 발전할 수 있는 것도 맞습니다. 적절한 욕심을 가지고 그 욕심에 맞는 노력을 함으로써 실제로 많은 것을 이루는 적극적인 태도가 좋은 자세랍니다.

이와 관련해서 욕심에 대해 말했던 서양의 유명한 철학자들이 있어요.

에피쿠로스는 기원전 3세기경 그리스에서 살았던 철학자예요. 에피쿠로스는 욕심을 버릴 것을 강조한 나머지, 아예 세상과 담을 쌓고 살 것을 권하기도 했어요. 앞의 분수식에서 분모를 최대한 줄이려고 한 것이죠.

비슷한 시기에 스토아학파라고 불리는 학자들도 있었어요. 이들이 욕심을 줄여야 한다는 것을 주장한 점은 에피쿠로스와 같아요. 하지만 스토아학파의 학자들이 에피쿠로스와 다른 점은 세상과 단절하려고 하지 않았다는 점이에요. 사람에게는 사람이기 때문에 지키고 행해야 할 의무가 있다고 생각한 거죠. 그래서 각자에게 주어진 의무를 다하고 이 세상의 악과 용감히 싸울 것을 가르쳤답니다. 분자(성취)의 크기를 키우려고 한 것이죠. 여기서 스토아학파가

성취하려고 한 것은 요즘 이야기하는 화려한 스펙이나 성공, 돈을 말하는 것이 아니라, 이 세상 속에서 자신의 도덕적인 의무를 다하는 것이랍니다.

아리스토텔레스, 공자, 러셀의 행복

이제부터는 과거의 유명한 학자들이 행복을 얻기 위해 우리가 어떻게 해야 한다고 말했는지 살펴볼게요.

먼저 살펴볼 사람은 그리스의 유명한 철학자인 아리스토텔레스입니다. 아리스토텔레스는 《니코마코스 윤리학》이라는 훌륭한 책을 쓴 사람이에요. 《니코마코스 윤리학》은 초등학생인 여러분에게 아직은 어렵겠지만 중학생이나 고등학생이 되면 꼭 한 번 읽어 보기를 권합니다.

여기서 아리스토텔레스는 행복한 사람이 되기 위해 해야 할 일에 대해 이렇게 말했어요.

"연주자는 악기를 잘 다루어야 행복한 것처럼, 행복을 얻기 위해서는 주어진 것을 잘 활용해야 한다. 사람에게 주어진 것은 이성이다. 행복해지고 싶다면 이성을 잘 활용하라."

아리스토텔레스는 행복해지려면 해야 할 일을 잘 해내야 한다고 말했어요. 우리나라의 피아니스트인 조성진은 2015년 쇼팽 국제 피아노 콩쿠르에서 대상을 수상했어요. 조성진은 피아노를 연주하는 사람이고 그가 행복하기 위해서는 자신이 다루는 악기인 피아노를 잘 쳐야 할 거예요. 아리스토텔레스에 따르면 조성진은 분명히 행복한 사람일 것입니다.

그렇지만 이에 앞서 우리는 모두 사람이고, '이성'을 가졌어요. 그러니 저나 여러분이나 사람으로서 행복하려면, 바로 이 '이성'을 잘 다루고 활용하는 사람이 되어야 한다는 것이 아리스토텔레스의 주장이랍니다.

공자가 쓴 《논어》에도 비슷한 구절도 있어요.

"임금은 임금답게, 신하는 신하답게, 아버지는 아버지답게, 자식은 자식답게 행동해야 한다."[군군 신신 부부 자자(君君 臣臣 父父 子子)]

사람들은 모두 각자 자신에게 주어진 역할이 있고, 그 역할을 제대로 수행해야 한다는 거죠. 아버지가 자식처럼 철없이 굴거나 신하가 임금처럼 권력을 휘둘러서는 행복할 수 없다는 뜻이기도 합니다.

1950년 노벨 문학상을 받은 버트런드 러셀이라는 학자가 있어요. 러셀은 20세기 최고의 지성이라는 평가를 받는 영국의 철학자이자 수학자입니다. 이렇게 다방면에 뛰어났던 대학자인 러셀이 남긴 대표적인 책 가운데 하나가 《행복의 정복》입니다. 이 책도 중학생이나 고등학생 정도는 되어야 읽을 수 있으니 어떤 내용인지 궁금해도 다음으로 미루고요, 여기서는 그 책에 나온 한 문단을 인용해 볼게요.

"언제 어디서나 열정을 가진 사람은 그렇지 않은 사람보다 유리하다. 기분 나쁜 경험도 쓸모가 있다. 이들은 지진을 만나도 '그래, 이게 바로 지진이구나.' 하면서 이 경험 때문에 세상에 대한 지식이 늘어난 것을 즐거워한다."

어떤가요? 이해할 만한가요? 여기에는 두 가지 교훈이 있습니다. 바로 '열정'과 '긍정적인 자세'입니다. 어떤 일이든지 여러분에게 주어진 일에 호기심과 흥미를 가지고 열정적으로 임하는 것이 좋다는 뜻입니다. 그리고 그 과정에서 어떤 시련이 오더라도 시련을 긍정적인 것으로 바꾸는 힘은 바로 여러분 스스로에게 있다는 것이지요.

여러분도 지금까지 살아오면서 여러 가지 슬픔과 어려움을 겪은

적이 있을 거예요. 그리고 앞으로도 크고 작은 슬픔과 시련을 겪을 수밖에 없는 것이 우리의 삶이랍니다.

하지만 어려운 일이 닥쳤을 때 어떤 자세를 갖는지가 바로 여러분이 행복한 사람이 될 수 있는지 아닌지를 결정하는 중요한 요소입니다. 행복은 시련을 어떻게 바라볼 것인지, 어떻게 해결해 나가는지에 달려 있습니다.

만족과 행복의 차이

끝으로 만족과 행복의 차이에 대해 생각해 보고 마무리할게요. 여러분에게 만족과 행복은 어떤 차이가 있나요? 둘 다 같은 것 아니냐고요? 아니에요. 영국의 또 다른 대학자인 존 스튜어트 밀은 행복에는 질적 차이가 있다고 말했어요. 그리고 되도록이면 질이 높은 행복을 누려야 한다고 주장했지요. 존 스튜어트 밀이 그의 책 《자유론》에서 말한 내용을 인용해 볼까요?

"동물이 즐거워 보인다고 해서 낮은 단계의 동물로 변하는 것에 동의할 사람은 없을 것이다. 어떤 교양인도 바보가 되는 것에 동의하지 않을 것이며 무식한 자가 되고 싶어 하지 않을 것이다. 만족하는 돼지보다는 만족하지 못하는 인간이 되는 것이 더 낫고, 만족하는 바보보다는 만족하지 않는 소크라테스가 되는 것이 더 낫다."

만족하는 돼지는 내일을 걱정하지 않고 오늘 당장 배불리 먹고 편안한 상태에 만족해요. 반면 만족하지 못하는 사람은 육체적으로는 오늘 당장 만족하지 못하지만, 정신적으로 행복을 추구하는 사람이에요. 만족하는 바보도 배부른 돼지처럼 육체적이고 일시적인 만족만을 추구하는 사람이에요. 반면 소크라테스는 육체적인 즐거움을 누리는 것보다 정신적인 즐거움을 누리고 진정한 행복을 추구하는 사람이에요. 그래서 만족하는 돼지보다는 만족하지 못하는 사람이 낫고, 만족하는 바보보다는 만족하지 않는 소크라테스가 낫다고 말한 거예요.

여러분은 게임을 좋아하죠? 공부하지 않고 하루 종일 게임만 하면 얼마나 좋을까 생각하는 친구들도 많을 거예요. 하지만 게임은 햄버거 세트처럼 그 순간에만 즐거움을 줍니다. 밀은 이것을 질 낮은 즐거움이라고 말하고 '만족'이라고 표현한 거예요. 질 높은 즐거움, 또는 진정한 행복은 이러한 만족감이 아니라는 거죠. 지금도 행복하지만 미래에 더 큰 행복을 얻기 위해서 만족에 안주하지 않고 계속해서 노력할 수 있는 사람이 진정으로 행복을 얻을 수 있는 사람이라고 설명한 거예요.

게임하고 싶을 때면 이렇게 생각해 보세요.

'나는 돼지처럼 만족을 원하는 사람일까? 아니면 소크라테스처럼 행복을 원하는 사람일까?'

이런 생각의 시작이 여러분을 행복의 길로 이끌어 주는 소중한 첫걸음이 될 거예요.

아리스토텔레스 (기원전 384년~기원전 322년)

고대 그리스의 철학자 아리스토텔레스는 철학뿐 아니라 과학, 논리학 등 모든 학문에 두루 업적을 남긴 인물이에요. 학문의 체계를 세운 학자라고 할 수 있지요.

그는 17세에 플라톤이 세운 아카데메이아에 입학해서 플라톤 밑에서 20여 년 동안 학문을 배웠어요. 또 왕자였던 알렉산더 대왕의 가정교사를 7년간이나 맡기도 했고요. 그 후 자신도 학교를 세워 제자들과 함께 나무 사이를 산책하면서 강의를 했는데, 여기에서 '소요학파'라는 이름이 유래되었지요.

아리스토텔레스는 모든 학문이란 올바른 고민 없이는 성립될 수 없다고 봤어요. 모든 생각을 올바르게 하는 것이 학문의 기본으로 여겼기 때문에 논리학을 중요하게 생각했지요. 또 가장 선한 것은 행복에 있다고 주장하면서 행복을 중요시했답니다.

버트런드 러셀 (1872~1970)

20세기를 대표하는 천재이자 지성인으로 여겨지는 버트런드 러셀은 영국에서 태어나 부모님을 일찍 여의고 할머니 손에서 자랐어요. 그의 집안은 아버지가 총리를 두 번이나 지낼 정도로 명문가였지요. 러셀은 케임브리지 대학에서 수학과 철학을 공부했고, 97세가 될 때까지 수학뿐 아니라 철학, 역사, 윤리, 사회, 정치 분야에 대해서 많은 책을 펴냈어요. 또 세계 대전이나 핵무기 개발 등 사회의 올바르지 못한 선택을 볼 때면 주저하지 않고 비판했어요.

러셀은 《행복의 정복》이라는 책을 남겼어요. 여기서 그는 현대인이 왜 행복하지 못한가를 살펴보면서 인생은 살 만한 가치가 있다는 신념을 가지고 능동적이고 진취적으로 살아가면 어떠한 불행도 이겨 낼 수 있다고 주장했어요. 1950년에 러셀은 노벨 문학상을 받았어요.

생각 넓히기

1. 봉사 활동이 여러분의 행복과 어떤 관계가 있는지 적어 보세요.

2. 시험에서 똑같이 90점을 받은 두 명의 학생이 있다고 할 때, 한 명은 행복해 했지만 한 명은 괴로워했어요. 그 이유가 무엇인지 설명해 보세요.

3. 아리스토텔레스는 행복을 위해 습관의 중요성을 이야기했어요. 여러분이 행복해지기 위해 실천하기를 원하는 습관이 있다면 적어 보세요. 그리고 이 습관이 여러분을 행복하게 만든다고 여기는 이유도 함께 적어 보세요.

5장

'민주주의'에 대해 생각해 보자

민주주의는 왜 중요하며
국가는 어떻게 만들어졌을까?

국민이 주인이라는 말의 뜻

지금부터는 개개인의 차원을 넘어서 좀 더 넓은 것에 대해 생각해 보려고 해요. 지금까지 한 사람의 행복, 역사, 공부 등에 대해서 생각해 봤다면 이제는 '사회'에 대해 생각해 보는 거죠.

여러분은 우리가 민주주의 사회에서 살고 있다는 말을 들어 보았을 거예요. 이 말의 뜻은 국민이 이 나라, 이 사회의 주인이라는 의미예요.

'○○주의'는 앞으로 학년이 올라갈수록 많이 만나게 될 단어예요. 개인주의, 민주주의, 자본주의, 공동체주의, 상대주의, 절대주의, 다원주의, 무정부주의 등이 있지요. '○○주의'는 ○○에 들어가는 부분을 추구하고, 그것을 중요하게 생각한다는 의미이지 특별히 어려운 말은 아니에요. 그러니까 민주주의는 '국민이 이 나라와 사회의 주인이라는 것'을 당연하고 중요하게 생각하는 입장을 의미합니다. 세계의 아주 많은 국가들이 민주주의를 선택했고, 받아들이고 있어요.

그런데 여러분이 너무나 당연하게 생각하는 민주주의가 세계의 역사에서 그다지 오래된 것이 아니라는 것을 알면 깜짝 놀랄 거예요. 우리나라의 민주주의도 시작된 지 오래되지 않았어요. 여기서 잠깐 우리나라의 역사를 거슬러 올라가 볼까요?

한반도 땅에서 세워진 최초의 국가가 고조선인 건 여러분도 다 알고 있죠? 그때는 '군장'이라는 지도자가 있었어요. 그 뒤를 이은 고구려, 백제, 신라에서는 모두 왕이 국가의 지도자였어요. 이어서 고려, 조선에 이르기까지 모두 왕이 있었지요. 이런 나라를 '왕조 국가'라고 합니다.

그렇다면 어떤 사람이 왕이 되는 것일까요? 맞아요. 아버지가 왕이면 아들이 왕이 될 확률이 높지요. 만약 그 시대에 여러분이 태어났다면, 모든 사람에게 존경받고 아무리 인기가 높다고 해도 절대 왕이 될 수 없어요. 혹시 인기 있는 아무개가 왕이 되고 싶어 한다는 소문이라도 퍼지게 되면 역적으로 몰려서 기다리는 것은 죽음뿐이었지요.

왕조 국가의 주인은 '왕'이지 백성이 아니랍니다. 다만 세종 대왕처럼 훌륭한 임금님은 백성을 특별히 아끼고 사랑했고 백성들이 편안하게 살 수 있도록 많은 노력을 했기 때문에 지금까지 존경받

는 것이고요. 다시 말해 아무리 훌륭한 세종 대왕이라고 해도 민주주의를 추구했던 것은 아니랍니다.

그렇다면 국민이 나라의 주인이라는 것은 어떤 의미일까요? 바로 국민들 한 사람 한 사람이 어떠한 차별도 받으면 안 된다는 뜻이에요. 그래서 왕, 귀족, 천민 등의 계급이 있는 사회는 민주주의라고 할 수 없어요.

민주 정치를 최초로 시행한 나라는 고대 그리스의 도시 국가 아테네였어요. 아테네에서는 모든 백성이 광장에 모여서 서로 토론하며 국가 정책을 결정했어요. 물론 지도자들도 직접 뽑았고요. 이것을 직접 민주 정치라고 해요. 정말 대단한 일이었지요. 하지만 이때 아테네에서도 노예와 여성은 정치에 참여하지 못했기 때문에 완전한 민주 정치라고는 할 수 없어요. 차별이 있었기 때문이죠.

학교에서의 민주주의

그렇다면 학교에서 펼쳐지는 민주주의는 어떨까요? 매년 새로 학급이 바뀌고 나면 반에서 반장을 뽑지요? 학교마다 다르기는 하지만 추천을 받은 친구들 몇 명이 후보가 되고, 반 친구들이 투표를 해 그중에서 가장 많은 표를 얻은 사람을 반장으로 뽑지요. 이 방법이 민주적으로 반장을 뽑는 과정입니다. 반장 선거를 민주적으로 한다는 것은, 같은 반 친구들이 주인인 입장에서 모두 한 표씩 투표해서 학급을 위해 봉사할 친구를 뽑는다는 거예요.

그런데 옛날에는 이런 방법으로 반장을 뽑지 않았어요. 담임 선생님이 어떤 사람을 반장으로 '지명'한 경우가 대부분이었죠. 공부를 잘 하거나 선생님의 말을 잘 듣는 친구로요.

그렇다면 이때 반장은 민주적으로 뽑힌 것일까요? 아니에요. 왜 아닐까요? 같은 반 친구들의 뜻이 반영되지 않았기 때문이지요. 반 친구들이 주인이 되어 반장을 뽑은 것이 아니라, 담임 선생님이 주인이 되어서 반장을 뽑은 것이거든요.

그렇다면 민주주의란 누구나 주인이 되어 투표를 해야만 하는 것일까요? 아니에요. 민주주의의 선거 방식은 꼭 직접 투표만 있는 건 아니에요. 간접적으로 선거할 수 있는 '간선제'도 민주주의의 방식이에요. 학교의 전교 회장 선거를 떠올려 보세요. 제 기억에는 초등학교 때와 중학교 때는 전교의 반장들만 모여서 회장을 선출했어요. 고등학교 때는 전교생이 직접 투표해서 한 명의 회장을 선출했고요. 운동장에 전교생이 모여 유세도 하고 시끌벅적하게 토론하는 과정도 있었지요.

반장들이 모여서 회장을 뽑는 것을 '간선제'라고 하고, 전교생이 회장을 직접 뽑는 것을 '직선제'라고 부릅니다. 첫 번째 방법을 왜

간선제라고 부를까요? 전교생들을 대신해 각 반의 반장들이 모여 뽑았기 때문이죠. 학생들이 반장에게 그 역할을 맡겼기 때문에 학생들의 뜻이 간접적으로 반영이 되었다고 할 수 있어요. 이에 비해 전교생이 직접 투표를 한 경우는, 투표에 학생들 한 사람 한 사람의 뜻이 직접 반영되어 있기 때문에 직선제라고 부르지요.

현재 우리나라 대통령은 어떻게 뽑고 있을까요? 맞아요. 전국의 국민들이 한 표씩 '직접' 투표해서 뽑는 직선제이지요. 물론 전부는 아니에요. 우리나라에서 선거를 할 수 있는 투표권은 만 19세가 넘은 성인들에게만 주어지거든요. 여러분은 아직 성인이 아니라서 투표권이 없답니다.

국가가 생긴 이유는?

국가는 왜 만들어졌는지에 대해서도 생각해 봐요. 국가는 우리의 안전을 위해 도둑이나 강도를 잡아 주거나 불이 나면 꺼 주기도 하죠. 이건 국가가 우리를 위해서 하는 일이에요.

그런데 국가는 우리를 간섭하기도 해요. 고속도로에서 일정 속도 이상으로 달릴 수 없게 하고, 학원에서 저녁 10시 이후에는 여러분을 가르칠 수 없도록 하고 있지요. 또 여러분의 부모님으로부터 세금을 걷어 갑니다. 국가가 참 고맙긴 한데, 어떤 때는 정말 귀찮게 느껴지기도 하지요.

그런데도 왜 국가가 만들어진 걸까요? 국가가 없으면 세금을 안 내도 되고, 국방의 의무도 없을 텐데 말이에요. 국가가 만들어진 것은 사람들이 그 권위에 따르기로 약속을 했기 때문이에요.

잠깐 이야기를 돌려서 어른들이 약속하는 장면을 생각해 보세요. 사람들이 어떤 약속을 할 때 그것을 종이에 기록한 후, 두 사람이 모두 서명해서 한 장씩 갖는 걸 본 적이 있을 거예요. 약속을 종이에 적어서 보관하고 있는 셈이죠. 이걸 '계약서'라고 부릅니다.

국가도 그 안에 사는 사람들이 '국가를 만든 후에 그 권위에 따르자.'라는 계약을 했기 때문에 만들어진 거예요. 실제로 계약서를 쓰지는 않았다고요? 그래요. 대한민국의 국민들은 그런 계약서를 작성한 적은 없어요.

그런데 여러분, 앞으로 우리가 좀 더 '깊이 있게 생각하는' 사람이 되기 위해서는 겉으로 드러나는 것만 가지고 얘기하는 수준에서 벗어나야 해요. 사고력이 뛰어난 사람들은 드러나 있는 것 아래에 숨겨져 있는 것을 보고 생각할 줄 알아야 하거든요. '실제로' 사람들이 계약서를 작성한 것은 아니지만, 그 속을 들여다보면 '사실상' 사람들이 계약서를 쓴 것처럼 서로가 약속을 했기 때문에, 우리가 국가의 권위에 복종하는 거예요.

이러한 생각을 좀 어려운 말로 '사회 계약설'이라고 합니다. 사회를 구성하는 사람들이 계약을 했다는 뜻이죠. 물론 계약서를 직접 작성한 것은 아니지만요. 사회 계약설을 주장한 대표적인 사람으로는 영국의 토머스 홉스, 존 로크 등을 꼽을 수 있어요.

국민들을 위해 존재하는 국가

자, 학교에서 멋진 곳으로 단체 소풍을 갔다고 상상해 봐요. 학생들은 신나서 이리저리 뛰어다니고 즐거워하네요. 그런데 학교에서 아무런 통제를 하지 않는다면 어떤 상황이 펼쳐질까요? 정말 시끄러운 난장판이 될 거예요. 어떤 아이들은 위험하게 나무 위로 올라갈지도 모르고, 깊은 개울에서 장난을 치는 아이들도 있을 거예요. 서로 놀다가 친구들끼리 시비가 붙을지도 몰라요. 바로 이런 일이 생길 수 있기 때문에 선생님들은 아이들을 미리미리 통제하지요.

국가도 마찬가지예요. 사람들은 자기들을 통제하고 질서를 유지하게 해 주는 '국가'를 만들기로 약속했어요. 그리고 서로 다툼이 있을 때는 국가의 판결을 따르기로 했죠.

이처럼 국가라는 것은 처음부터 있었던 게 아니에요. 국가가 먼저 있고 국민이 있었던 것이 아니라, 사람이 먼저 있고 그다음 사람들의 합의에 의해서 국가가 생긴 것이지요. 그러고 나서 그 사람들이 국가의 구성원들이니까 국민이 된 것이죠. 순서를 정리해 볼게요.

여기서 우리가 알아두어야 할 것은 '국가'란 원래부터 있었던 것이 아니라 우리의 필요에 의해서 생겼다는 거예요. 그리고 또 한 가지, 국가는 우리를 간섭한다는 것입니다. 그러니까 국가가 너무 좋은 것이어서 생겼다기보다는, 사람들이 모여 살다 보니 질서 유지를 위해 어쩔 수 없이 생겼다는 거예요. 따라서 논리적으로 생각해 보면, 국민이 국가를 위해 존재한다기보다는 국가가 국민을 위해 존재한다는 것이 맞지요.

그런데 우리가 국기에 대한 경례를 하고 애국가를 부르고, 나라를 위해 목숨을 바치기도 하는 까닭은 무엇일까요? 그것은 국가에 충성하는 것이 결국 그 국가 안에서 살아가는 사람들을 위한 것이기 때문이에요. 국민은 국가의 주인이니까요. 그 주인들을 위해서 우리 스스로가 희생하기도 하는 것이랍니다. 그래서 그런 희생을 하는 애국자를 존경하는 것이고요.

국민들의 저항권

이렇게 만들어진 국가가 그 역할을 제대로 하지 않고 국민들을 오히려 괴롭히기만 하면 어떻게 해야 할까요? 처음에는 좀 참을 수 있지만, 그런 상태가 계속되면 국민들이 더 이상 참을 수 없어요. 국가의 규범에 따르는 대신 저항하게 되지요. 왜냐하면 우리는 국가의 법에 따르기로 약속을 했지만, 그것은 국가가 제 역할을 다 할 때라는 조건 아래서였거든요. 즉, 우리도 의무가 있지만 국가도 의무가 있어요. 국가가 의무를 다하지 못하면, 그 안에 사는 사람들의 의무가 더 이상 유지될 수 없어요.

로크는 아무리 국가라 하더라도 국민과 국가 사이의 보이지 않는 약속을 어기게 되면 국민은 여기에 저항할 수 있다고 생각했어요. 하지만 이런 저항권을 행사하는 데는 문제가 있지요. 법은 국가의 기본 법칙인 헌법과 그 하위의 법률로 구성되어 있어요. 우리가 국가의 규범을 따르지 않는다는 것은 법률을 어기게 된다는 것을 의미해요. 그러면 범법자로 처벌을 받을 수도 있어요. 그래서 국가가 잘못했을 때 국가에 저항하는 것은 큰 위험이 따른답니다.

우리나라 역사에서도 국민들이 저항권을 행사한 경험이 있어요. 가장 대표적인 것이 1960년 4월 19일에 있었던 4.19 혁명입니다. 4.19 혁명이 일어난 것은 그 전달인 3월 15일에 있었던 부정 선거 때문이었어요. 사람들은 그 선거가 부정적으로 치러진 선거라는 것을 알게 되었고, 모두 한마음으로 들고일어났지요. 국민들이 모두 선거의 잘못을 바로잡을 것을 요구하자 어쩔 수 없이 이승만 대통령은 물러나고 새로운 정부가 수립되었죠.

두 번째는 1980년 광주에서 있었던 민주화 운동이에요. 1979년 12월에 당시 대통령이었던 박정희 대통령이 갑자기 서거하면서 새로운 대통령을 선출해야 했는데, 때마침 군대에 있던 전두환 소장이 힘으로 권력을 차지했어요. 알다시피, 대통령은 권력이 있다고 아무나 하는 자리가 아니라 국민이 선출해야 하는 자리잖아요? 그래서 많은 국민들이 저항했지요. 이때 광주 지역의 대학생을 중심으로 일어난 움직임이 5.18 민주화 운동이랍니다. 5.18 민주화 운동은 끝내 전두환 정권에 의해 진압당했지만, 이후의 민주화 운동들에 큰 영향을 미쳤어요.

그리고 1987년 6월에 일어난 민주화 항쟁이 있습니다. 당시 우리나라는 국민들이 직선제로 대통령을 뽑지 않았어요. 국민들은 새로운 대통령을 꼭 스스로 투표해서 뽑고 싶었어요. 그런데 정권을 잡은 군부 세력은 이를 반대했지요. 사람들은 거리로 나가 시위를 하면서 헌법을 바꿀 것을 요구했어요. 전국의 노동자, 학생, 농민을 포함한 모든 시민이 참여했지요. 시민들은 어려움 속에서도 포기하지 않고 주장을 계속했고, 정부는 국민들의 요구를 받아들여 대통령 직선제로 헌법을 바꾸었답니다. 그래서 지금처럼 대통령을 우리 손으로 직접 뽑을 수 있게 된 것이죠.

다수결의 문제점과 해결 방안

다수결 제도에 대해서도 한번 생각해 보려고 해요. 우리는 반장

을 뽑을 때도, 대통령을 뽑을 때도, 국회 의원을 뽑을 때도 후보들 중에서 가장 많은 표를 얻은 사람이 당선된다는 것을 알고 있습니다. 이것이 다수결입니다. 다수결로 결정을 한 이유는 그것이 국민들의 뜻을 가장 잘 반영한다고 보았기 때문이에요. 지금은 인구도 너무 많고 면적도 넓기 때문에 고대 아테네에서처럼 모두가 직접 정치에 참여할 수 있는 시대는 아니에요. 그래서 투표를 통해 뽑은 사람을 대신 보내서 국가 정책을 의논하고 결정짓게 하는 거죠. 그럴 때는 가장 많은 지지를 받는 사람을 대리인으로 보내는 것이 가장 민주적인 방법일 것입니다.

그런데 문제는 다른 사람에게 표를 던진 사람들입니다. 앞서 이야기했듯이 민주주의는 국민이 주인이지요. 주인인 우리가 투표를 했는데, 자신이 투표한 사람이 선거에서 떨어진다면 표를 던진 것은 결국 아무 의미가 없어지는 걸까요?

대통령 선거를 치렀는데, 두 후보가 전체 표 중에서 51% 대 49%로 표를 얻었다고 하면, 51%의 표를 얻은 사람이 대통령이 되고 49%의 표는 무용지물이 되어 버리는 걸까요? 2%밖에 차이가 나지 않는데 말이죠.

그렇지는 않아요. 그래서 오늘날의 민주주의는 당선되지 않은 사람에게 표를 던진 사람의 뜻을 어떻게 존중할 것인지에 대해 많은 고민을 하고 있습니다. 당선된 사람은 당당하게 자신의 소신과

공약대로 국정을 수행해야 합니다. 그리고 선거에 떨어진 쪽은 당선자에게 축하를 건네면서 소신대로 정치를 할 수 있도록 힘을 실어 줄 필요가 있고요.

또한 당선된 쪽은 항상 자기를 지지하지 않은 사람들에 대해 생각하고, 그들의 뜻이 자신의 정책과 어떻게 조화를 이룰 수 있을지에 대해 고민하고 협의할 필요가 있습니다. 민주주의는 다수결이라는 제도를 통할 수밖에 없지만, 다수결로 인해 소외받는 소수의 입장을 배려하고 경청할 때 제대로 완성되는 제도라고 할 수 있으니까요.

토머스 홉스 (1588~1679)

영국의 철학자인 홉스는 목사의 아들로 태어났어요. 그러나 아버지는 그리 신앙심이 깊지 않았고, 교회 앞에서 다른 목사와 크게 싸우다가 마을을 떠났다고 해요. 어린 시절을 힘들게 보낸 홉스는 옥스퍼드 대학을 졸업하고 가정교사 생활을 시작했고 그 집안의 후원으로 유럽 여행을 경험하면서 철학적 깊이를 가지게 되었지요. 그리고 《리바이어던》이라는 대작을 쓰게 됩니다. 이 제목은 성경에 나오는 바다 괴물의 이름에서 따 왔어요. 성경에서 리바이어던은 인간의 힘을 뛰어넘는 엄청난 힘을 가진 동물로 묘사되고 있어요. 홉스는 국가라는 거대한 창조물을 바로 이 동물에 비유했어요. 이 책에서 홉스는 인간을 이기적인 존재로 보고, 국가가 생기기 전 자연 상태에서의 인간을 "만인의 만인에 대한 투쟁"이라고 표현했어요. 서로가 서로를 불신하고 모두가 권력을 원하는 상태인 거죠. 홉스는 이러한 무질서 상태를 벗어나기 위해 어쩔 수 없이 국가가 만들어졌다고 주장했어요.

존 로크 (1632~1704)

로크는 영국의 가난한 청교도 집안에서 태어났어요. 처음에는 신학에 관심이 있었으나 자연과 의학에 관심을 가지고 의학을 공부했지요. 의사로 살아가던 로크는 어느 날 고위 관료였던 애슐리 경의 어려운 종양 수술을 성공적으로 해내면서 그의 주치의가 되었지요.

애슐리 경은 당시 영국 정치의 중심에 있던 인물이었기 때문에 그와 가깝게 지내면서 로크도 자연스럽게 정치에 대해 관심을 가지게 되었어요.

홉스와 달리 로크는 국가 구성원들의 자유스러운 협의를 통해 국가가 만들어졌다고 주장했어요. 또 다수결의 의미를 매우 중요하게 생각했답니다. 대표적인 저서로는 《인간 오성론》《통치론》등이 있어요.

생각 넓히기

1. 학급에서 자리를 배치할 때 가장 효과적인 방법을 두 가지 적어 보세요. 그리고 이것을 민주적인 방법으로 결정한다고 할 때 어떤 과정을 거치면 좋을지 적어 보세요.

2. 여러분이 생각하는 학교의 축제(또는 행사)의 문제점을 한 가지 적어 보세요. 그리고 그것을 어떻게 개선하면 좋을지 방안을 적어 보세요.

3. 학교 수업 시간 전에 휴대 전화를 걷는 선생님들이 많습니다. 여러분이 이를 반대하는 의견을 선생님에게 건의하려고 한다면 어떻게 건의하겠습니까? 주장하는 글로 직접 적어 보세요.

6장

'정의'에 대해 생각해 보자

정의로운 사회와 개인의 자유를
어떻게 조화시킬 수 있을까?

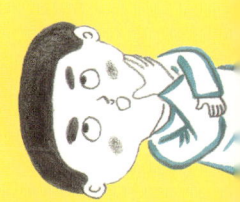

정의의 용사와 현실

'정의'는 여러분이 어렸을 때부터 들어 왔던 친숙한 단어라서 어색한 느낌은 없을 거예요. 항상 만화, 드라마, 영화에서는 착한 사람을 괴롭히는 악당들이 등장하고 이 악당들을 해치우는 정의의 용사가 나타납니다. 그다음 이어지는 내용은 언제나 비슷하죠? 처음에는 악당이 이길 것 같지요. 아무리 정의의 용사라도 악당을 이기기에 역부족인 것처럼 보이지요. 하지만 어려움에 처해 있다가도 결국에는 정의의 용사가 승리하고 악당을 몰아내는 걸로 결말이 나죠. 행복하고 후련한 마무리를 보면서 여러분은 안도의 한숨을 쉬게 되고요.

그런데 여러분이 살아가는 이 세상은 만화 영화처럼 그렇게 간단하지 않습니다. 만화 영화와 같다면야 누가 악당인지, 정의의 편인지 너무 쉽게 눈에 보이잖아요? 물론 우리 사회에서도 다툼과

논쟁이 있을 때 누가 정의로운지 잘 알 수 있는 경우도 있어요. 하지만 많은 경우에는 어느 쪽의 주장이 더 정의로운 것인지 결정 내리기가 쉽지 않습니다.

어느 것이 정의로운 상황일까요?

첫 번째 예를 들어 볼게요. 며칠 뒤에 학교에서 음악 실기 시험이 있어요. 수현이는 좋은 점수를 얻기 위해서 열심히 연습했지요. 한편 석구는 열심히 연습해야 하는 것은 알고 있었지만 게을러서 실제로는 연습을 별로 하지 않았어요. 그런데 담임 선생님은 수현이와 석구 모두에게 100점을 주었어요. 석구는 신이 나서 환호성을 질렀지요. 그러자 수현이가 불만을 터뜨렸습니다. 왜 열심히 한 사람과 그렇지 않은 사람이 점수가 똑같으냐고요. 반 아이들 중에는 수현이가 이기적이라고 흉보는 아이들도 있었지요. 하지만 여러분은 수현이의 심정을 이해할 수는 있을 거예요. 자, 이럴 경우 정의로운 상황이라고 말할 수 있을까요?

두 번째 예도 들어 볼게요. 서준이, 동민이, 준석이는 햄버거 가게에서 아르바이트를 시작했어요. 월요일부터 금요일 오전에 4시간씩 일을 했지요. 그런데 준석이는 좀 더 많은 용돈을 벌기 위해서 오후 시간까지 4시간을 더 일했지요. 한 달이 지나고 세 명의 친구는 모두 아르바이트비를 받았어요. 서준이와 동민이는 60만 원씩 벌었고 4시간씩 더 일한 준석이는 120만 원을 벌었어요. 준석이는 힘들었지만 스스로가 대견했지요.

세 친구는 이렇게 번 돈으로 같이 여행을 떠나기로 했어요. 그때 서준이와 동민이가 준석이에게 이렇게 말했어요.

"너는 돈을 더 많이 벌었으니까 여행 경비도 더 많이 내야 하는 거 아냐?"

준석이는 그렇게 하겠다고 말했지만 마음속으로 기분이 좋지 않았어요. 힘들게 일한 건 자신인데 왜 다른 친구보다 더 여행 경비를 많이 내야 하는지 이해되지 않았지요. 여러분이 보기에 이 상황은 정의로운가요?

여러분이 이 두 가지 예를 두고 이야기를 나누어 보면 의견이 나뉠 거예요. 공부를 잘하는 사람, 더 많은 돈을 번 사람이 그렇지 못한 사람을 배려하는 게 필요하다는 의견이 있을 거고요, 열심히 일한 사람이 오히려 차별을 받고 있다는 의견도 있을 거예요.

여러분과 비슷한 또래의 친구들에게 물어보니 첫 번째 사례에서는 열심히 연습한 사람이 그렇지 않은 사람과 똑같은 결과를 받는 것은 공평하지 못하다는 반응이 많았어요. 또 두 번째 사례에서는 더 열심히 일해서 더 많은 돈을 번 사람에게 여행 경비를 더 내라는 것도 공평하지 못하다는 반응이 좀 더 많았고요. 아마 이렇게 생각하는 친구들이 많을 거예요. 그런데 모든 경우에 이것이 맞는 것일까요?

출발선이 다른 경기

다른 예를 하나 들기 전에 스포츠 경기를 떠올려 보세요. 여러분도 달리기 많이 하죠? 스포츠에서는 육상 경기라고 하지요. 100미터를 단거리 경기라고 해요. 모두 같은 출발선에 서서 준비 자세를 취했다가 '탕' 하는 소리를 듣고 뛰기 시작합니다. 여기서 조금이라도 먼저 뛰려고 하면 부정 출발이 되죠. 이렇게 치열하게 경쟁한 결과 아슬아슬하게 가장 먼저 결승선을 통과한 사람이 금메달을 따게 됩니다. 이런 방식은 아주 공정한 걸로 보여요.

그런데 만약 어떤 선수에게 출발선보다 조금 뒤에서 출발하라고 한다면 어떻게 될까요? 뛰어난 선수들끼리 경쟁할 때는 1미터만 뒤에서 뛰어도 순위가 바뀌고 말지요. 만약 그런 경기를 보게 된다면 누구나 다 불공정한 시합이라고 목소리를 높일 거예요.

자, 이제 세 번째 사례를 들어 볼게요. 여러분 주변을 살펴보면 잘사는 친구도 있고 못 사는 친구도 있어요. 넉넉지 못한 가정의

희경이는 학교에는 다니지만 다른 친구들처럼 학원까지 다니지는 못해요. 참고서를 살 돈도 부족해 헌 책을 사서 공부하곤 했지요. 밤이면 홀로 가게에서 일하는 어머니를 도와드리느라고 공부할 시간도 별로 없죠. 그러다 기말고사 기간이 다가왔어요. 희경이는 다른 친구들에 비해 어떤 상황인가요? 육상 경기에 비유하자면 출발선이 다르다고 할 수 있지요. 잘사는 친구들보다 더 뒤처져서 뛰기 시작하는 거예요. 그렇다면 아주 예외적인 경우를 제외하고는 희경이가 시험에서 1등을 차지할 수는 없을 거예요. 공부할 시간이 남들보다 부족했으니까요.

사실 우리는 시험을 보면 등수만 가지고 그 사람을 판단하기 쉬워요. 등수에는 드러나지 않은 숨겨진 것이 많다는 걸 잘 모르죠. 사람마다 출발선이 다를 수 있는데도 말이에요. 어때요? 만약 여러분이 남들보다 뒤처져서 출발해야 하는 육상 선수라면 그것은 정의로운 상황일까요? 아마 많은 친구들이 그렇지 않다고 대답할 거예요. 그렇다면 기말고사에서는 어쩔 수 없다고 하더라도 입학시험과 같은 큰 시험에서는 별도로 지원을 해 주어야 하지 않을까요? 다음 상황을 한번 생각해 보세요.

여러분이 가고 싶어 하는 대학교에서 입학생을 선발하고 있어요. 그런데 입학하는 학생 중의 10%를 집안 형편이 어려운 아이들에게 배정하기로 했어요. 이를테면 총 입학생이 100명이라고 할 때, 가정 형편이 어려운 학생들 중에서 10명을 뽑는 것이죠. 형편이 어려운 학생이 7명만 지원하면 정원 미달로 모두 합격할 수도 있어요. 그러자 학부형들이 항의를 하고 나섰어요. 왜 공정하게 경쟁하지 않느냐고요. 집안 형편이 어렵다고 해서 특혜를 주는 게 어디 있냐고, 또 그 학생들 때문에 시험 점수가 좋은데도 떨어져야 하는 학생들은 어떻게 되냐고요. 이렇게 정의롭지 못한 경우가 어디 있냐고 따져요. 여러분은 이 상황을 어떻게 생각하나요?

이 문제는 간단한 것이 아니에요. 여러분 중에는 똑같이 시험 보고 경쟁해서 등수대로 입학생을 뽑는 게 정의롭다고 생각하는 사람도 있을 거예요. 하지만 가난한 학생의 입장이라면, 출발선이 달랐기 때문에 이렇게 선발하는 것이 정의롭다고 여길 수 있지요. 또 어떤 친구는 넉넉하게 살면서도 형편이 어려운 친구들의 입장을 이해해 이런 선발 방식을 찬성할 수도 있고요.

특별 선발에 대해 찬성하는 입장도, 그것을 반대하는 입장도 다 나름대로의 설득력을 가지고 있지요. 그리고 토론 끝에 특별 선발을 하자고 결정한다고 해도 하나의 문제가 더 남아요. 100명 중에서 몇 명을 배정할지의 문제입니다. 10명으로 할지, 20명으로 할지, 또 긴 시간의 토론이 필요하지요. 이처럼 만화 영화에서와 달리 우리가 살아가는 사회의 현실에서는 어떤 것이 정의로운지 판단하는 것이 그렇게 간단한 일은 아니랍니다.

복지와 세금

앞의 사례들을 토대로 정의로운 사회가 어떤 것인지 본격적으로 생각해 보려고 해요. 먼저 여러분에게 당부드릴 것이 있어요. 여러분은 아마도 많은 위인전을 읽어 봤을 거예요. 만약 세상에 그런 위인들만 모여 산다면, 이런 논의가 필요 없을지도 모르지요. 위인들은 모두 자신보다는 남을 위해 노력하고 희생한 사람들이니까요. 하지만 조금만 생각해 보면 알 수 있듯이 우리 사회를 구성하는 대부분의 사람들은 위인이 아니에요. 평범한 사람이죠. 그러니 우리가 정의를 말할 때는, 어떤 대단한 사람을 머릿속에 떠올릴 것이 아니라, 우리들을 떠올려야 해요. 그리고 평범한 사람들이 모여 사는 이 사회가 어떤 모습이어야 정의로운 사회가 될 수 있을지 고민해야 해요.

앞에서 우리는 민주주의에 대해서 생각해 보았어요. 민주주의 사회는 위인이 아니라, 평범한 사람들이 모여서 '자유'와 '평등'에 대해 생각하고 토론하고 투표하는 사회지요. 오늘날에는 만 18세 이상이면 누구라도 투표권이 있어요. 투표권이 있어도 선거일에 투표하지 않고 놀러 가는 사람들은 있지만 투표하고 싶다는데 못 하는 사람은 없답니다.

게다가 대통령도, 재벌 그룹의 회장님도, 지하철 역에 누워 있

는 노숙자도 모두 공평하게 딱 한 표씩만 투표할 수 있어요. 정말 평등하죠? 좀 어려운 말로 표현하면 우리는 모두 정치적으로 평등하답니다.

하지만 우리는 경제적으로는 평등하지 않아요. 경제적이라고 하니까 좀 어렵나요? 여러분 주변에 여러분보다 부자인 친구가 있고 여러분보다 가난한 집 친구도 있지요? 부자와 가난한 사람의 경제적 차이를 '빈부의 격차'라고 해요. 경제 사정이 집집마다 같지 않다는 걸 여러분도 잘 알 거예요. 따라서 우리는 '경제적으로 불평등한 사회'에서 살고 있다고 말할 수 있어요. 앞서 육상 경기에서 출발선이 다르다는 이야기를 했는데요, 여러분은 모두 어떤 집에서 태어났느냐에 따라 각각 다른 출발선을 갖고 있다고도 할 수 있어요.

출발선이 다른 사회, 불평등한 사회는 정의롭지 못한 사회입니다. 그럼 어떻게 해야 할까요? 어쩔 수 없으니까 그냥 그대로 내버려 두어야 할까요? 아니에요. 국가에서는 경제적으로 어려운 사람들을 도와서 같은 출발선에서 뛸 수 있도록 해 주어야 해요. 이렇게 출발선이 다른 사람들을 도와주는 것을 우리는 '복지'라고 부릅니다. 중요하고 또 좋은 단어니까 잘 기억해 두세요.

그럼 복지를 위해서는 무엇이 필요할까요? 맞습니다. 모든 일에는 '돈'이 필요한 법이죠. 그런데 이런 궁금증이 생겨요. 그럼 그

'돈'은 어디서 얻어야 하지? 생각해 보세요. 나라에서는 그 돈을 얻기 위해서 국민들에게 '세금'을 걷는답니다. 여러분의 부모님도 세금을 내고 있을 거예요. 또 여러분이 가게에서 물건을 하나 사더라도 거기에는 세금이 붙어 있어서, 여러분도 알게 모르게 조금씩의 세금을 내고 있답니다.

복지는 좋지만 세금은 싫어!

자, 우리는 이제 '복지'가 무엇인지 알게 되었고, 또 그것을 위해 나라에서 '세금'을 걷는다는 것도 알게 되었어요. 복지를 통해서 어려운 사람들을 돕고, 그래서 좀 더 평등한 사회를 만들겠다는 것은 정말 정의로운 생각입니다. 또 민주주의의 중요한 가치인 '평등'을 실천하는 방법이기도 하지요. 우리가 선진국을 '복지 국가'라고 표현할 때도 있는데, 우리가 이루고 싶은 사회의 모습이 바로 복지가 좋은 사회이기 때문입니다.

그런데 복지 국가를 이루는 과정에서 나타나는 문제가 하나 있어요. 무엇일까요? 바로 사람들이 나라에 세금으로 내는 돈을 아까워한다는 거예요. 그래서 법을 어기며 '탈세'를 하기도 하지요. 탈세는 벌어들인 돈을 숨기고 세금을 내지 않으려는 일을 말해요.

여러분은 사회를 위해서, 복지를 위해서, 국가에 내야 할 세금을 내지 않으려는 사람들, 그래서 법을 어기는 사람들을 나쁜 사람이라고 생각할 거예요. 맞습니다. 나쁜 사람들이에요. 그런데 이 나쁜 사람들이 어떤 마음으로 세금을 내지 않는 걸까요? 그 이유를 찾아볼게요.

여러분이 소중하게 생각하는 장난감이 있다고 생각해 보세요. 그 장난감을 너무 좋아해서 열 개를 모았어요. 그런데 어느 날 학교에서 담임 선생님이 이렇게 말하는 거예요.

"너는 장난감을 열 개나 가지고 있는데, 장난감이 하나도 없는 친구들이 많단다. 네가 가지고 있는 것 중에서 세 개를 그 친구들을 위해서 학교에 기증했으면 좋겠구나."

자, 어떻게 대답할 건가요?

여러분이 어떤 대답을 했더라도 처음에 갖는 마음은 비슷할 거예요. 바로 '싫다'는 느낌이지요. 왜일까요? 내 것을 빼앗는다는 기분이 들기 때문입니다. 우리는 우리가 가지고 있는 것에 대해 아주 집착하고 또 더 많이 가지기를 바라지요. 그래서 사람의 욕심은 끝이 없다고들 하잖아요? 우리가 '갖고 있는 것'을 '재산'이라고 부르고 그 재산을 빼앗기지 않고 내 마음대로 쓸 수 있는 것을 좀 어려운 말로 '재산권'이라고 부릅니다.

지금은 몇몇 나라를 제외하고는 대부분의 나라에서 개인이 가지고 있는 재산을 인정하고 있어요. 예를 들어 여러분 통장에 얼마가 저금되어 있다고 할 때, 그 돈을 빼앗을 수 있는 권리를 갖는 사람은 아무도 없다는 말이죠. 설령 국가라 할지라도 그럴 수는 없어요. 이것이 재산권이지요. 이 재산은 여러분 마음대로, 즉 자유롭게 사용할 수 있어요.

자, 지금 주머니에 1만 원이 있어요. 이걸로 무얼 하고 싶나요? 떡볶이 가게에 가서 떡볶이를 먹든, 중국집에 가서 탕수육을 사 먹든, 그야말로 마음대로인 거죠. 아무도 여러분의 자유를 막을 수 있는 권리는 없답니다.

그런데 복지 국가를 만들기 위해서는 많은 돈이 필요해요. 그러려면 국민들에게 더 많은 돈을 '세금'이라는 이름으로 걷어야 합니다. 그리고 때로는 부자들에게 더 많은 세금을 내게 해서 복지를 위한 돈을 마련할 수도 있어요.

이것은 무엇을 의미할까요? 국가에서 여러분 통장에 있는 돈을 더 많이 가져가려고 하는 것입니다. 간단하게 정리해 볼게요. 여러분이 주머니에 갖고 있는 돈을 누군가가 달라고 하면 기분이 어떨까요? 네, 모든 사람이 다 싫어하지요. 그런데 그 돈을 가지고 어려운 사람을 도와주려고 한다고 말한다면요? 그러면 고개를 끄덕이면서 이해하는 사람이 있고 여전히 싫은 사람도 있을 거예요.

여기서 중요한 건, 그 돈을 막연하게 남의 돈으로 생각하지 말고, 여러분의 돈으로 생각해야 한다는 거예요. 남 이야기는 쉽잖아요. 하지만 자기가 그렇게 할 수 있는지는 결코 쉬운 일이 아니랍니다. 국가에서 세금을 더 많이 가져가는 것은 그만큼 여러분의 재산에 대한 권리를 제약하는 것이기도 하거든요. 나아가 여러분의 통장에 있는 돈을 어떻게 쓸지에 대한 자유를 막는 것이기도 하고요.

하지만 개인의 자유만을 강조하면 그에 따른 불평등이 생겨나요. 부자는 더 큰 부자가 되고, 가난한 사람은 더 가난해질 수밖에 없죠. 이런 문제 때문에 미국의 존 롤스는 《정의론》이라는 책에서 자유를 최대한 보장하면서도 사회 정의의 원칙을 바로 세워 사회의 불평등을 계속 수정해 나가야 한다고 주장했어요.

자유와 평등을 동시에 이룰 수 있을까?

자유와 평등은 모두 민주주의 사회의 중요한 가치인데, 평등을 너무 강조하다 보면 개인의 자유를 침해할 가능성이 높아져요. 다시 말해 복지 국가를 만들려고 하다 보면 개인이 갖는 재산권을 제약할 가능성이 높다는 거예요. 반대로 개인의 자유만을 중요하게 내세우면, 평등한 세상이 멀어질 수 있어요. 다시 말해 개개인의 재산권을 존중하고 세금을 덜 걷게 되면, 복지에 쓸 돈이 부족해질 수 있지요. 이처럼 자유와 평등이라는 민주주의의 가치를 함께 실현하는 것은 매우 어려운 일이랍니다.

여러분은 아마 자유도 중요하고 또 사회 전체의 평등도 중요하다고 생각할 거예요. 그리고 그 두 가지가 모두 조화롭게 균형을 가지는 것이 정의로운 사회라고 생각할 테지요. 하지만 생각처럼 그 두 가지가 동시에 잘 이루어지는 것은 쉽지 않은 일이랍니다. 그렇다면 여러분은 정의로운 사회를 막연하게 이야기하기보다, 정의로운 사회를 위해 자유와 평등 중에서 어떤 것을 더 중요하게 생각해야 할지 고민할 필요가 있어요. 다시 말해서 자유와 평등의 가치를 어떻게 생각하느냐에 따라 여러분이 생각하는 정의로운 사회의 모습은 조금씩, 혹은 많이 다를 수 있을 테니까요.

어때요? 정의로운 사회를 이야기하는 게 그렇게 쉬운 것은 아니라는 것을 알 수 있겠죠? 우리 모두는 정의로운 사회를 바랍니다. 그런데 우리들이 생각하는 정의가 모두 같은 모양은 아니에요. 이러한 점을 알고, 올바른 민주주의를 위해 끊임없이 대화하고 타협하면서 우리가 나아갈 길을 찾아가는 지혜가 필요하답니다.

존 롤스 (1921~2002)

존 롤스는 1921년 미국 볼티모어에서 변호사였던 아버지와 다방면에서 재주가 많았던 어머니 사이에서 태어나 부족함 없이 성장했습니다. 정치적으로 활동이 많았던 부모님 덕분에 롤스는 인권 문제에 많은 관심을 가지게 되었고, 그 영향으로 철학을 전공하게 되었어요.

롤스는 제2차 세계 대전에 참전하면서 참혹한 인간과 사회의 실상을 깨닫고, 정의에 대해 집중적으로 탐구한 뒤 이후 많은 사람들에게 영향을 준 《정의론》을 썼어요.

롤스는 사회 제도의 첫째 덕목으로 정의를 꼽으며 정의롭지 않은 법이나 제도는 폐기되어야 한다고 주장했어요. 그러면서 사회의 기본 구조에서 정의의 역할과 정의의 원칙에 대해 논의했으며, 정의가 어떻게 만들어지는지에 대한 답을 찾기 위해 연구했어요.

생각 넓히기

1. 학급의 복지를 위해 반 아이들에게 돈을 걷어서 20만 원을 모았습니다. 이것을 어떻게 활용하는 게 좋을까요? 그 이유도 함께 적어 보세요.

    가. 모두에게 혜택이 똑같이 돌아가도록 비용을 사용한다.

    나. 가난한 형편의 친구들에게 좀 더 집중적으로 혜택이 돌아가도록 사용한다.

2. 사회에 다음과 같은 논의가 있다고 할 때 여러분은 어떤 쪽에 찬성할 건가요? 이유도 함께 적어 보세요.

상황 복지 비용을 위해 국민으로부터 세금을 더 많이 걷으려고 한다.

가. 특별히 가난한 사람을 제외하고 모든 사람이 세금을 조금씩 더 낸다.

나. 보통의 사람들은 예전처럼 내고, 부자들이 사회를 위해 좀 더 많은 세금을 부담한다.

3. 여러분이 읽은 책 가운데 가난한 사람이 주인공으로 등장한 이야기를 예로 들어 보고 우리 사회가 그 사람을 어떻게 도울 수 있을지 적어 보세요.

생각하는 것이 왜 중요할까요?

초판 1쇄 발행 2016년 8월 23일
초판 7쇄 발행 2020년 6월 11일

글 | 이관호
그림 | 양수홍
펴낸이 | 한순 이희섭
펴낸곳 | (주)도서출판 나무생각
편집 | 양미애 백모란
디자인 | 박민선
마케팅 | 이재석
출판등록 | 1999년 8월 19일 제1999-000112호
주소 | 서울시 마포구 월드컵로 70-4 (서교동) 1F
전화 | 02)334-3339, 3308, 3361
팩스 | 02)334-3318
이메일 | tree3339@hanmail.net
홈페이지 | www.namubook.co.kr
블로그 | blog.naver.com/tree3339

ISBN 979-11-86688-56-4 74100
ISBN 979-11-86688-55-7 (세트)

값은 뒤표지에 있습니다.
잘못된 책은 바꿔 드립니다.

이 도서의 국립중앙도서관 출판예정도서목록(CIP)은 서지정보유통지원시스템 홈페이지(http://seoji.nl.go.kr)와 국가자료종합목록 구축시스템(http://kolis-net.nl.go.kr)에서 이용하실 수 있습니다.
(CIP제어번호: CIP2016018400)